KB242805

그들도 우리의 이웃이다

그들도 우리의 이웃이다

초판 1쇄 발행 2026년 4월 19일

편저 기윤실 기독교윤리연구소

발행인 이성만

발행처 (주)칼라커뮤니케이션

등록번호 제2007-000306호

주소 서울특별시 강남구 강남대로 320, 1108호(역삼동)

이메일 colorcomuni@gmail.com

편집 최성욱 이의현

마케팅 이재혁 김명진

편집디자인 최건호

ISBN 979-11-995361-6-6 (03230)

값 16,000원

야다북스는 (주)칼라커뮤니케이션의 임프린트 브랜드입니다.

그들도 우리의 이웃이다

공감의 울림으로, 환대의 몸짓으로

기윤실 기독교윤리연구소 엮음

김상덕 · 김성수 · 김희준 · 목광수
박선영 · 박혜인 · 성신형 · 엄국화

야다북스

사람은 세 가지 관계 속에서 삽니다. 하나님과의 관계, 타인他人과의 관계, 타자他者와의 관계입니다. 타자는 사람과 다른 피조물을 모두 포괄하지만, 사람 인人이 들어간 타인과 대비시켜 사람 이외의 모든 피조물을 가리키는 단어로 썼습니다. 타인과 타자를 묶어서 타아他我로 볼 수 있습니다. 모든 존재는 또 다른 나입니다. 무엇보다 중요한 것은 내가 나를 성찰하며 대상으로 파악하는 것입니다. 나와 모든 다른 존재는 뗄 수 없이 연결되어 있습니다. 사람을 포함한 지구 전체를 하나의 생태적 생명 존재로 보는 관점이 21세기의 사반세기를 지나고 있는 지금 인류에게 절실합니다.

"네 동생이 어디 있느냐?"

하나님이 가인을 부르시는 이 음성은 오늘날의 교회와 그리스도인에게 본디 사람다움을 일깨우는 책망입니다. 공감과 돌봄, 평화와 사랑의 윤리가 절박합니다. 기독교윤리실천운동의 기독교윤리연구소에서 책을 냅니다. 고맙습니다. 교회와 사회에 울림을 줄 것입니다.

지형은_기윤실 이사장, 말씀삶공동체 성락성결교회 목사

'공감'과 '환대'는 최근 우리 사회에서 가장 많이 회자되는 화두입니다. 이를 거꾸로 보면 우리 사회가 대립과 갈등, 배제와 혐오로 점점 더 몸살을 앓고 있다는 의미일 것입니다. 그러기에 공감과 환대를 많이 외치고 도덕적으로 호소하는 것만으로는 부족하고, 좀 더 심층적인 원인 분석과 구조적인 대안까지 함께 모색이 필요한 상황입니다. 이 책은 여러 다양한 전공의 학자들이 모여 바로 이 작업을 했습니다. 특히 이 책의 강점은 이 부분에 대한 신학적인 분석과 더불어 교회와 그리스도인들이 이 문제 해결을 위해 할 수 있는 실천적인 고민을 다각도로 하고 있다는 것입니다.

사회 문제에 대한 신학적 고민과 기독교 윤리에 기반한 실천의 노력이 없으면 교회와 기독교인도 시대와 사회의 흐름을 따라가기 쉽습니다. 아니, 이를 신앙적으로 정당화하면서 문제를 더 심화시키는 경우가 많습니다. 대립과 갈등, 배제와 혐오가 심화되고 있는 이 시대 가운데 한국교회가 바로 그런 상황에 놓여 있습니다. 그러기에 이 책은 일차적으로는 이 세상을 본받고 있는 교회와 기독교인들의 생각을 깨우고 올바른 실천을 자극하면서, 동시에 기독교가 가지고 있는 공감과 환대의 풍부한 자산을 사회로 흘려보내는 작업을 하고 있습니다. 쉬운 책은 아니지만 저자들의 고민을 따라 꼼꼼하게 읽어가면 큰 유익이 있을 것입니다.

정병오_기독교윤리실천운동 공동대표

목차

공감의 울림으로, 환대의 몸짓으로!

오늘 우리는 기술 발전, 기후 위기, 인구구조 변화, 다문화 사회로의 전환, 그리고 혐오와 배제의 만연 등에 직면해 있습니다. 이 모든 것은 우리에게 새로운 질문을 던지게 합니다.

"그들은 누구인가?"

"우리는 서로를 어떻게 바라보고 있으며, 무엇을 기준으로 이웃을 '우리' 안에 포함하거나 바깥으로 밀어내고 있는가?"

"기독교 신앙은 이러한 변화 속에서 어떤 윤리적 방향성을 제시할 수 있는가?"

이 책은 이러한 문제의식에서 출발합니다. '공감'과 '환대'는 오늘날 가장 자주 호명되는 윤리적 언어이지만, 동시에 가장 쉽게 오해되거나 소진되는 단어이기도 합니다. 누군가를 향해 마음을 기울이는 일은 개인의 감정과 성향의 문제가 아닙니다. 사회적 구조, 역사적 맥락, 신학적 성찰이 겹쳐 이루어지는 복합적 행위입니다. 이 책의 저자들은 서로 다른 전공과 경험에서 출발하지만, 이상의 문제의식에 공통의 초점을 맞추고 각자의 글을 준비했습니다.

김상덕 박사는 공감의 생물학적, 신경과학적 기반을 짚으면서도 공감이 언제든 내집단 중심성으로 기울어 혐오와 배제를 낳을 수 있음을 비판적으로 보여줍니다. 그가 제시하는 '사회적 공감'은 감정의 순간을 넘어서 구조적 이해와 책임으로 확장되는 공감의 가능성입니다.

김성수 박사는 기술혁명 시대, 특히 AI의 확산 속에서 목회자의 역할과 윤리에 대해 성찰하며, 기독교적 위로와 돌봄이 왜 '타자에 대한 깊은 공감'에서 다시 출발해야 하는지를 강조합니다. AI가 정서적 반응을 흉내 내는 시대일수록, 진짜 공감은 하나님 앞에서 인간만이 감당할 수 있는 책임과 내어줌의 자리임을 일깨웁니다.

　김희준 박사는 관계의 얽힘 속에서 탄생하는 환대의 다층성을 탐구합니다. 그는 환대를 단순한 도덕적 친절이 아니라, 서로의 삶이 예측할 수 없는 방식으로 부딪히고 흔들리고 상처받는 자리에서 새롭게 떠오르는 '관계적 생성'으로 이해합니다. 환대는 완결된 주체가 여유를 베푸는 것이 아니라, 이미 열려 있고 흔들리는 존재들이 서로에게 통과되고 스며드는 과정이라는 점을 보여줍니다.

　목광수 박사는 정치철학의 개념인 '합당성'reasonableness을 통해 환대가 작동하기 위한 사회적 조건을 짚습니다. 무조건적 환대를 이상으로 삼되, 현실에서는 조건적 환대를 가능케 하는 공적 합리성과 시민적 책임이 필요함을 제안합니다. 그러면서 오늘의 기독교가 극단주의를 넘어 타자와 협력할 수 있는 공적 신앙으로 서야 할 방향을 제시합니다.

　박선영 박사는 인구 절벽 시대의 청소년 정책과 사회적 포용 체계의 분석을 통해 '사회통합'의 지표가 어떻게 취약한 타자를 대하는 방식에서 드러나는지 보여줍니다. 사회적 배제를 해소하고 연대의 구조를 만드는 일은 단순한 행정이 아니라 윤리적 실천이며, 공감과 환대의 사회적 적용이라는 점을 분명하게 드러냅니다.

박혜인 박사는 이주여성, 특히 조선족 여성의 재현을 중심으로 K-문화의 어두운 얼굴을 비판합니다. 영화와 드라마의 이미지 속에서 이주여성이 어떻게 타자화되고 있는지, 그리고 기독교 공동체가 이 문제에 응답해야 할 이유는 무엇인지를 날카롭게 제시합니다. 우리가 '우리 안의 이방인'을 어떻게 대우하느냐는 한국 사회의 성숙도이자, 동시에 그리스도의 공동체가 지녀야 할 윤리적 척도임을 일깨웁니다.

성신형 박사는 레비나스의 철학을 통해 환대를 인간 존재의 근원적 윤리로 제시합니다. 타자의 얼굴 앞에 응답하는 감성, 그리고 타자를 위해 자신을 내어주는 대속의 사랑은 오늘의 위기 시대를 통과하는 기독교윤리가 무엇을 향해야 하는지 다시 묻습니다.

마지막으로, 엄국화 박사는 『대학』의 공감에 대해서 다산과 레게, 그리고 게일의 생각을 들여다보고 있습니다. 인간 이해를 추구하는 '서恕'를 세 사상가의 생각으로 풀어내고 있습니다. 이는 감정 이입과 이해다산, 상호성과 호혜성레게, 기독교적 용서게일로 드러나고 있습니다.

이처럼 서로 다른 연구가 한 책 안에서 만나는 이유는 분명합니다. 공감과 환대는 어느 한 분야에서만 다루어질 수 있는 주제가 아닙니다. 그것은 신학과 철학, 사회과학, 문화연구, 목회학, 정책학이 함께 직조해 내야 하는 시대적 과제입니다. 이 책은 바로 그 직조의 작은 시도입니다.

이 책이 던지는 메시지는 단순합니다.

"타자를 대하는 우리의 방식이 곧 사회의 미래를 결정한다!"

필자들의 글은 이런 인식 속에서 타자를 향한 공감의 울림으로, 환대의 몸짓으로 더불어 어울리며 같이의 가치를 온전히 담아내는 미래 사회를 그려가자는 제안입니다. 이 책이 독자 여러분에게 새로운 질문을 던지고, 오래된 상처를 드러내며, 앞으로의 실천을 향한 작은 발걸음을 마련하는 데 있어 마중물이 되기를 바랍니다.

2026년 3월
기윤실 기독교윤리연구소장
성신형 교수 드림

1장

공감의 두 얼굴, 그리고 종교

김상덕

미국 보스턴대학교(M.Div.)와 에모리대학교(Th.M.)를 졸업한 후,
영국 에든버러대학교에서 철학 박사학위(Ph.D.)를 받았다.
한국기독교사회문제연구원 연구실장으로 일했으며,
현재 한신대학교 평화교양대학 교수로 재직 중이다.
저서로 『기독교x대중문화 3.0』
『평화개념 연구』 『정의로운 기독시민』(이상 공저) 등이 있다.

공감은 언제나 선할까? 이 글은 공감이 이웃 사랑과 연대
의 토대가 되는 동시에, 종교와 집단의 이름으로 '우리'와
'그들'을 가르며 혐오와 배제를 정당화해 온 힘이기도 했
음을 성찰한다. 저자는 신경과학과 진화생물학의 공감 연
구를 토대로, 감정에 머무는 정서적 공감의 한계를 넘어
타인의 삶과 사회적 맥락을 함께 책임지는 '사회적 공감'
을 종교 윤리의 과제로 제시한다. 갈등과 분열의 시대, 이
글은 종교가 어떤 공감을 선택해야 하는지 묻는다.

* 이 글은 《신학사상》 207호(2024.12)에 게재된 필자의 글을 단행본 형식에
맞춰 수정한 것입니다.

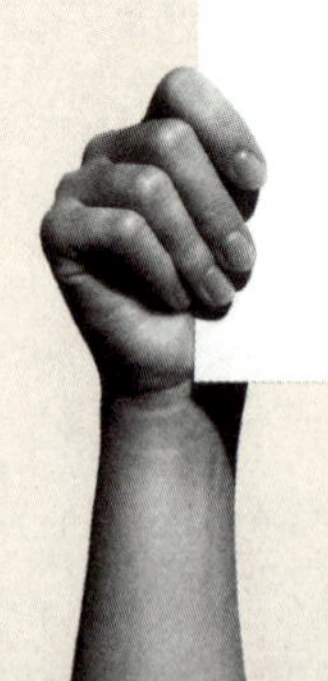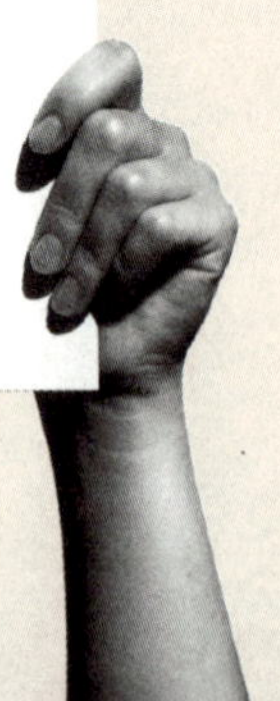
공감의
울림으로

환대의
몸짓으로

들어가며

공감은 오늘날 그 어느 때보다 중요한 가치이자 윤리적 주제가 되었습니다. 이는 우리 사회에 갈등이 많아졌을 뿐 아니라, 그 갈등이 구조화되고 일상화되며 반복되고 있다는 사실을 반영합니다. 다양한 이름으로 나타나는 혐오와 차별, 그리고 배제의 폭력 속에서 많은 사람들이 고통을 겪고 있습니다. 공감과 혐오는 서로 다른 얼굴을 하고 있지만, 마치 동전의 양면처럼 본질적으로 맞닿아 있습니다. 인류는 공감 능력을 통해 타인을 배려하고 집단을 형성하며 번성해 왔습니다. 하지만 공감 때문에 무리를 나누고, 서로를 혐오하며, 수많은 갈등을 만들어 오기도 했습니다. 공감은 마냥 따뜻한 감정만은 아닙니다. 공감의 본성과 그로 인한 사회적 현상은 밝은 면과 어두운 면을 모두 가지고 있기 때문입니다.

공감이란 무엇일까요? 이 질문에 답하기 위해 공감에 관한 진화생물학과 신경과학의 연구 성과를 먼저 살펴보고자 합니다. 이를 바탕으로 공감과 종교의 관계, 나아가 공감이 사회 속에서 수행하는 역할에 관해 성찰하려 합니다. 먼저 공감의 개념과 유사한 감정들을 정리하며 공감의 기본적인 특성을 살펴볼 것입니다. 이어서 공감의 특징을 정서적 공감과 인지적 공감이라는 두 측면에서 비교하고, 정서적 공감을 보완하는 대안으로서 사회적 공감의 가능성을 논의하고자 합니다. 마지막으로 이러한 논의가 오늘날 종교, 특히 한국교회에 어떤 시사점을 주는지, 그리고 사회가 종교에 기대하는 역할이 무엇인지 간략하게 제안하려 합니다.

공감에 관하여

공감의 정의

공감共感, empathy은 일반적으로 다른 사람의 감정이나 상황을 그 사람의 입장에서 느끼고 헤아리는 것을 의미합니다. 우리 문화에서는 '역지사지易地思之'라는 표현이 공감과 유사한 뜻으로 사용되고 있습니다. 영어권에서도 '다른 사람의 신발을 신고 걸어본다'walk in another's shoes라는 말이 비슷한 의미로 쓰입니다. 그렇다면 성서에서는 공감을 어떻게 표현하고 있을까요? "네 이웃을 네 몸과 같이 사랑하라"레19:18; 막12:31; 눅10:27는 말씀은 기독교 윤리의 기초가 되는 매우 중요한 구절입니다. 다만 이 말씀은 반드시 상대방의 입장이나 감정을 직접 느끼는 것을 전제로 하지는 않기 때문에, 엄밀한 의미에서의 공감과는 다소 차이가 있다고 볼 수 있습니다. 오히려 "너희와 함께 있는 타국인을 너희 중에서 낳은 자처럼 여기며"레19:34a라는 말씀이나, "무엇이든지 남에게 대접을 받고자 하는 대로 너희도 남을 대접하라"마7:12; 눅6:31는 구절이 공감의 의미에 더 가깝다고 할 수 있습니다. 이른바 '황금률'로 불리는 이 교훈은 기독교뿐 아니라 여러 종교 전통에서도 공통으로 발견되는 윤리 지침입니다. 이처럼 다양한 문화와 종교 전통에서 공감에 대해 이야기하고 있다는 사실은 공감이 인류 역사 전반에 깊이 자리 잡은 가치임을 보여줍니다. 과거와 현재를 막론하고 공감은 인간에게 중요하고도 절실한 능력으로 여겨져 왔습니다.

'공감'empathy이라는 용어는 20세기 초 독일 심리학자 테오도어 립스Theodore Lipps와 미국의 심리학자 에드워드 티체너Edward Tichener에 의해 본격적으로 사용되기 시작했습니다. 이들은 당시 예술 이론에서 사용되던 '아인퓔룽einfühlung'이라는 개념을 심리학 분야에 적용했습니다. 아인퓔룽은 관객이 예술 작품 '안으로 들어가' 그것을 느낀다는 의미를 지닙니다. 예를 들어, 외줄타기를 하는 곡예사를 바라볼 때 관객은 어느 순간 그 사람의 몸에 들어간 것처럼 긴장과 균형의 감각을 함께 경험하게 됩니다. 립스와 티체너는 이러한 현상에 착안해, 누군가 "다른 사람의 감정을 그대로 느끼는 감정 상태"를 가리키는 개념으로 'empathy'라는 단어를 만들었습니다.

우리가 공감을 종종 연민이나 동정과 혼동하는 이유는 이들 개념 사이의 차이가 매우 미묘하기 때문일 수 있습니다. 동시에 공감이라는 용어와 개념 자체가 비교적 근래에 만들어졌다는 점도 한 이유가 될 것입니다. 더 나아가, 공감의 정의는 연구 분야와 학자에 따라 조금씩 다르게 사용되고 있습니다. 이러한 상황을 고려할 때, 공감의 개념과 용어에 대해 보다 정교한 논의와 일정한 합의가 필요해 보입니다.

공감의 유사 감정들: 연민과 동정

공감과 유사한 감정으로는 연민pity과 동정sympathy이 자주 언급됩니다.

먼저, 연민이란 다른 사람을 안쓰럽게 여기거나 그들이 처한 불행한 상황에 대해 슬퍼하는 감정을 의미합니다. 이는 불쌍한 사람이나 타인의 고통을 마주할 때 자연스럽게 생겨나는 감정이라고 할 수 있습니다. 그러나 연민은 그 대상의 상황이 안타깝다고 느끼는 데서 그치는 경우가 많으며, 반드시 그 사람의 입장에서 상황을 깊이 헤아리는 것까지 나아가지는 않습니다. 또한 누군가의 고통을 바라볼 때, 마치 내가 직접 고통을 겪는 것처럼 괴로운 마음이 드는 경우도 있습니다. 이러한 '개인적 고통'personal distress은 공감 연구에서 윤리적으로 중요한 주제이자 자주 논의되는 개념입니다. 그러나 내가 느끼는 개인적 고통이 곧 공감이라고 보기는 어렵습니다. 공감은 연민이나 개인적 고통과 구별될 필요가 있으며, 오히려 그러한 감정을 적절히 조절하면서 타자의 상황을 이해하려는 능력이 공감 연구에서 더욱 강조됩니다.[1]

다음으로, 동정sympathy은 공감과 가장 가까운 개념으로, 그리스어와 라틴어에서 유래한 용어입니다. 철학 분야에서는 오랫동안 공감과 동정을 엄밀하게 구분하지 않고 사용하는 경향이 있었는데, 이는 '공감'이라는 개념이 상대적으로 늦게 등장했기 때문으로 보입니다. 철학과 윤리학의 맥락에서 동정은 특히 스코틀랜드 계몽주의 철학자 데이비드 흄David Hume에 의해 중요하게 다루어

졌으며, 이후 에드문트 후설Edmund Husserl과 막스 셸러Max Scheler와 같은 현상학자들에 의해 다시 조명되었습니다. 흄에게 동정은 인간의 이성보다 앞서 작용하는 도덕적 감정이라는 점에서 중요한 의미를 지닙니다. 이는 동정이 인간뿐 아니라 동물에게서도 발견되는 선천적인 능력이라는 점에서 진화생물학이나 신경과학의 주장과도 연결됩니다.

독일 현상학 전통에서 동정은 '타자성'이라는 개념과 함께 발전했습니다. 이 관점에서 동정이란 타인의 고통이 나의 내면에서 일종의 감정이입으로 경험되는 결과를 의미합니다. 따라서 동정은 언제나 불완전할 수밖에 없습니다. 나는 타자와 분리된 존재이며, 그 누구도 타자의 고통을 온전히 이해할 수는 없기 때문입니다. 이러한 논의는 오히려 내가 누군가의 고통을 완전히 안다고 착각하지 말아야 한다는 점을 강조합니다. 이러한 맥락에서 셸러는 공감, 혹은 동정이 타자를 대상화하거나 수단화하지 않기 위해서는 타자를 있는 그대로 존중해야 한다고 주장합니다. 그는 참된 공감이 "타인의 본성과 실존 그리고 그의 개별성을 더불어 괴로워함과 더불어 즐거워함의 대상으로 같이 삼는 데서 드러난다"고 보았습니다.[2] 즉, 온전한 공감의 기준에는 이기성과 이타성이 함께 고려되며, 자기중심성을 극복한 참된 공감은 곧 사랑이라고 설명할 수 있습니다.[3]

공감이 동정과 다른 점

엘리자베스 시걸Elizabeth A. Segal은 공감과 동정을 분명히 구별합니다. 가장 큰 차이점은 동정이 주로 슬픔과 같은 부정적 감정에서만 발생하는 반면, 공감은 기쁨이나 지루함과 같은 다양한 감정까지 포함한다는 점입니다. 동정은 누군가가 처한 상황에 대해 안타까운 감정이 내 안에서 일어나는 상태를 의미하지만, 그것만으로 그 사람의 상황과 처지를 이해하려는 능동적인 태도까지 수반하지는 않습니다. 반면 공감은 그 사람의 입장에서 생각하고 느끼는 감정을 의미하기 때문에, 그 사람의 상황과 처지에 대한 능동적인 이해와 수용을 함께 포함합니다. 메리엄-웹스터 사전도 이 차이에 대해 "동정과 공감 모두 누군가에 대한 염려의 감정을 포함하지만, 공감은 염려를 넘어 고통받는 사람의 감정적 경험에 능동적인 공유를 포함한다"고 설명합니다.

타니아 싱어Tania Singer와 클라우스 람Claus Lamm 역시 공감과 다른 유사 감정을 구별하면서, 그 핵심을 타자와의 관계성에서 찾습니다.

> **공감**과 **연민**, **공감적 관심**, **동정**과 같은 용어 사이에 중대한 차이점은, 공감은 관찰자의 감정이 정서적 공유를 반영하고 다른 사람과 '함께 느낌', 연민과 공감적 관심, 동정은 관찰자의 감정이 본질적으로 타자지향적다른 사람에 대해 느끼는 '감정'이다.[4]

공감은 관찰자의 감정이 타자와의 정서적 공유, 즉 '함께 느끼는 것'을 반영하는 반면, 연민이나 동정은 타자에 대해 느끼는 감정이란 점에서 차이를 보입니다.

정리하자면, 공감은 타자의 입장에서 타자와 함께 같은 감정과 생각을 나누는 경험입니다. 쉽게 말해, 그 사람의 상황과 처지를 이해하기 때문에 그가 기쁘면 나도 기쁘고, 그가 슬프면 나 역시 슬픔을 느끼게 됩니다. 결국 공감은 타자와 나를 어느 정도 동일시하는 결과를 낳습니다. 반면 연민과 동정은 타자에 대해 안타까움이나 불편한 감정을 느끼는 데 그치며, 나와 그 사람 사이에는 여전히 분명한 경계와 거리감이 존재합니다. 이러한 관계는 때때로 위계적이거나 시혜적인 도움의 방식으로 이어질 수 있다는 비판을 받기도 합니다.

생물학과 신경과학의 관점에서 본 공감

공감에 관한 세부적인 연구가 필요한 이유는 공감이 매우 복합적이고 다층적인 특성을 지니고 있기 때문입니다. 한편으로 공감은 선천적이고 자동적인 반사 작용에 가까운 본능처럼 나타나지만, 다른 한편으로는 후천적으로 학습하고 계발할 수 있는 능력이기도 합니다. 공감은 우선 감정의 영역에서 발생하는 현상이지만, 동시에 이성을 배제하지 않고 타자의 입장을 상상하고 헤아리는 과정을 포함합니다. 더 나아가, 공감은 개인의 뇌 안에서 일어나는 미시적 현상이면서도 집단과 사회의 상호작용 속에서 축적된 정신문화 안에서 작동하는 거시적 현상으로도 이해되어야 합니다. 이처럼 공감은 단일한 차원으로 설명할 수 없는 복잡한 특성을 지니고 있습니다. 생물학과 신경과학의 연구는 이러한 공감에 관한 이해를 보다 체계적이고 깊이 있게 만드는 데 중요한 도움을 제공합니다.

공감의 두 측면: 느낌과 헤아림

공감에 대한 정의는 학자마다 조금씩 다르며, 주로 정서적 측면과 인지적 측면 중 어느 쪽에 더 무게를 두느냐에 따라 그 결이 달라집니다.

먼저, 정서적 측면을 강조하는 관점에서는 공감을 선천적이고 본능적이며 즉각적인 반응으로 이해합니다. 대니얼 뱃슨Daniel Batson은 공감을 "타인의 생각과 감정을 아는 것이거나 다른 사람이 느끼는 것과 똑같은 방식으로 느끼는 것"이라고 정의합니다.[5] 이처럼 느낌, 즉 정서를 강조하는 입장은 인간의 마음 작용에서 인지보다 감정과 본능이 먼저 작동한다는 최근 연구 흐름을 반영하고 있습니다. 이러한 관점에서 보면 공감은 매우 원초적인 차원에서 발생하는 현상이며, 인간에게만 있는 고유한 능력이라기보다는 동물에게서도 유사하게 나타나는 특성으로 이해할 수 있습니다. 따라서 공감은 도덕적 판단의 대상이라기보다 생존과 종족 보존, 그리고 항상성 유지를 위한 본능적 선택의 결과로 설명됩니다.

반면, 인지적 측면을 강조하는 관점에서는 공감을 단순한 느낌의 차원을 넘어 인지와 사고의 영역까지 확장해서 이해합니다. 이 입장에서는 공감이 대상에 대한 즉각적인 감정 반응에 그치는 것이 아니라, 그 정보에 대한 인지적 처리와 해석을 포함한다고 봅니다. 예를 들어, 르먼 크르즈나릭Reman Krznaric은 공감을 "상상력을 발휘해 다른 사람의 처지에 서 보고, 그 사람의 느낌과 관점을 이해하며, 그렇게 이해한 내용을 행동의 기준으로 삼는 기술"이라고 설명합니다.[6] 이러한 이해에 따르면 공감은 타고난 본능이라기보다 인지와 사고의 과정을 거치며 후천적으로 계발될 수 있는 능력, 혹은 기술에 가깝습니다. 따라서 이 관점은 공감을 인간만이 지닌 고유한 능력으로 파악합니다.

공감의 시대: 느낌과 감정의 우선성

다니엘 뱃슨의 정의를 따라 공감을 타인의 생각과 감정을 "아는 것"이거나 다른 사람이 느끼는 것과 같은 방식으로 "느끼는 것"이라고 본다면, 공감은 크게 인지적 차원과 감정적 차원에서 나타나는 현상으로 구분할 수 있습니다. 다만 여기서 말하는 인지 역시 의식적 사고보다는 무의식적 수준에 더 가깝습니다. 그런 점에서 공감은 매우 본능적인 현상이라고 할 수 있습니다.

우리가 타인의 고통에 함께 슬퍼하거나 기쁨을 함께 느끼는 것은 의지적 결단의 결과라기보다 자연스럽게 일어나는 반응입니다. 이러한 이유로 공감은 신경과학에서도 중요한 연구 주제로 다룹니다. 우리는 누군가를 공감해야겠다고 먼저 생각하는 것이 아니라, 먼저 그렇게 느끼기 때문입니다. 즉, 사고보다 느낌이 앞섭니다. 신경과학철학자 안토니오 다마지오Antonio Damasio는 느낌이 의식보다 우선하며, 감정이 이성보다 더 본질적이라고 주장합니다. 그는 『느낌의 발견』에서 인간 의식의 형성 과정을 느낌에서 찾으며, 기본 자아와 확장 자아의 구분을 통해 의식이 점차 복합적인 형태로 형성된다고 설명합니다.[7]

진화생물학자 프란스 드 발Frans de Waal은 이러한 맥락에서 현대 사회를 '이성의 시대'가 아니라 '공감의 시대'로 규정합니다.[8] 그는 인간이 옳고 그름을 판단할 때 이성보다 감정의 영향을 더 크게 받으며, 그 감정의 핵심에 공감이라는 본능이 작용한다고 봅니다. 이러한 이유로 공감 연구는 현대 사회에서 중요한 이론적 흐름인 정동 이론과도 깊이 연결됩니다. 드 발은 공감이 인간만의 고유한 능력이 아니라 다양한 동물에게서도 발견되는 본능이라는 점을 여러 실험을 통해 보여줍니다. 그중 하나로 스웨덴 심리학자 울프 딤베리Ulf Dimberg의 실험을 소개합니다.

피실험자들의 얼굴에 작은 전극을 붙여 미세한 근육의 움직임을 감지하도록 한 후, 모니터에 화난 얼굴과 행복한 얼굴을 보여줬다. 사람들은 화난 얼굴에는 찡그림으로 반응했고, 행복한 얼굴에는 입꼬리를 올렸다. 하지만 이렇게 따라하는 것은 고의로 할 수도 없는 것이기 때문에 이 결과 자체는 딤

베리의 가장 중요한 발견은 아니었다. 정말로 혁신적인 부분은 사진을 의식적인 지각을 할 수 없을 만큼 빠르게 모니터에 비췄을 때도 피실험자들에게서 똑같은 반응을 얻어낸 점이었다. 사진들을 보여주고 난 후에 뭘 봤는지 물어보면 피실험자들은 행복한 얼굴이나 슬픈 얼굴에 대해서는 아무것도 몰랐지만 그럼에도 불구하고 사진의 표정을 따라 하고 있었다.[9]

드 발은 이 실험 결과를 진화론적으로 해석합니다. 그러면서 공감은 인지 이전의 본능이며, 포유류가 오랜 진화 과정을 거치는 중에 새끼를 돌보고 보호하는 단계에서 핵심적인 역할을 해 왔다고 설명합니다. 새끼의 배고픔이나 위험에 즉각 반응하는 민감성이 바로 어미의 공감 본능이라는 것입니다.

이러한 맥락에서 폴 매클린Paul MacLean은 공감의 기원을 어미와 새끼 사이의 애착 관계에서 찾았습니다. 그는 변연계를 설명하면서 어미를 잃은 새끼가 내는 '헤어짐 울음'에 주목했고, 이는 특히 위험에 취약한 포유류에서 강하게 나타난다고 보았습니다. 즉, 새끼의 위험에 민감하게 반응하는 능력은 진화의 산물이라는 설명입니다.[10] 드 발은 더 나아가 이러한 애착 관계 속에서 애정과 기쁨 같은 감정이 발달했다고 보았습니다. 포유류는 변연계를 통해 가족과 집단을 형성하고, 서로를 배려하는 사회적 존재로 진화했다는 것입니다. 따라서 공감은 개인과 종족의 번성을 가능하게 한 핵심적인 본능으로 작용해 왔다고 할 수 있습니다.

　　동물의 사회성과 공감 능력을 보여주는 또 다른 사례로는 미국의 심리학자 러셀 처치Russel Church의 「다른 이의 고통에 대한 쥐의 정서적 반응」이라는 논문에 소개된 실험이 있습니다. 이 실험에서 쥐는 손잡이를 눌러 먹이를 얻도록 훈련되었는데, 손잡이를 누를 때 옆 칸의 쥐가 전기 충격을 받는다는 사실을 인식하게 되자 더 이상 손잡이를 누르지 않는 행동을 보였습니다. 이 실험 결과는 매우 인상적입니다. 그러나 더욱 흥미로운 점은 이 결과를 어떻게 해석하느냐에 있습니다. 처치는 실험쥐가 다른 쥐의 고통을 보면서 자신의 행복에 불안감을 느꼈고, 그 결과 행동을 멈췄다고 설명합니다. 다시 말해, 실험쥐가 상황을 이해하고 판단한 인지적 결과로 보았던 것입니다. 반면, 드 발은 이 현상을 인지가 아니라 본능의 차원에서 설명합니다. 그는 누군가의 고통을 볼 때 자신도 고통을 느끼게 되는 일종의 '감정, 혹은 고통의 전이'로 이 현상을 해석합니다.[11]

　　드 발은 이러한 해석을 뒷받침하는 추가적인 실험 결과들도 제시합니다. 한 쌍의 쥐를 각각 다른 유리관에 넣어두고, 한쪽 쥐에게만 약한 복통을 유발하도록 희석된 아세트산을 주입합니다. 주사를 맞은 쥐는 복통으로 인해 몸을 쭉 펴는 동작을 반복합니다. 그런데 아무런 자극도 받지 않은 반대편 유리관의 쥐 역시 동일한 몸짓을 따라 하는 것이 관찰되었습니다. 특히 여러 조건 가운데 시각적 정보가 결정적인 역할을 했다는 점이 확인되었습니다. 즉, 다른 쥐의 고통을 '보는 것'만으로 자신의 고통 반응이 강화된 것입니다. 흥미롭게도 이러한 반응은 낯선 쥐에게서는 덜 나타났고, 수컷 쥐보다 암컷 쥐에게서 더 민감하게 관찰되었습니다. 무리의 친밀도나 성별에 따라 고통 전이의 정도가 달라진다는 사실은, 공감이 복잡한 인지적 판단보다는 본능에 더 가깝다는 점을 보여주는 사례라고 할 수 있습니다.[12]

드 발은 이와 함께 쥐뿐만 아니라 고양이나 원숭이 등의 사례를 덧붙이며, 공감이 변연계를 지닌 포유류에게서 공통으로 나타나는 본능적 현상임을 강조합니다. 이는 공감이 신체, 특히 시각을 통해 즉각적으로 반응하는 느낌이나 감정이 우선한다는 그의 입장을 잘 보여줍니다. 그래서 그는 공감을 뇌 안에서 무언가를 떠올리거나 상상하는 인지적 작용과 분리하려고 하며, 심지어 상상이 공감을 유발하는 것이 아니라고까지 말합니다.

다른 사람의 상황을 상상하는 건 비감정적인 일일 수도 있다. 비행기가 어떻게 나는지 이해하는 법과 다르지 않다. 공감은 무엇보다도 먼저 감정적인 교감을 필요로 한다. 쥐의 경우를 보면 이것이 어떻게 시작되었는지를 알 수 있다. 다른 이의 감정을 봄으로써 감정이 생기고 거기서부터 조금씩 다른 사람의 상황을 이해하게 된다.[13]

드 발의 주장 가운데 특히 주목할 점은 공감이 근본적으로 본능이라는 인식입니다. 이는 우리가 앞서 살펴본 공감의 두 측면 가운데서도 느낌과 정서적 차원을 강하게 강조하는 입장입니다. 그는 공감에 대해 신체적 연결이 먼저 일어나고, 이해가 그 뒤를 따른다고 설명합니다.

이러한 관점은 인간과 동물, 더 나아가 생물과 자연 전체에 대해 비교적 낙관적인 태도를 보여줍니다. 자연은 스스로 더 나은 방향으로 선택하며 진화해 간다는 믿음이 그 바탕에 깔려 있습니다. 그는 "생물학이 우리의 가장 큰 희망"이라고 말하면서, "우리 사회의 인간적인 면이 정치, 문화, 혹은 종교의 변덕에 달려 있다고 생각하면 몸서리쳐질 수밖에 없다"라고 말하며 회의적인 시각을 드러내기도 합니다.[14] 특히 인간만을 고차원적이고 특별한 존재로 여겨 왔던 태도에 대한 반성을 촉구하고, 다양한 생명과 지속 가능한 생태계 속에서 함께 살아가야 한다는 성찰을 제공한다는 점에서 중요한 의미를 지닙니다. 그러나 공감을 오직 본능으로만 설명하는 접근은, 인류 사회에서 반복되어 온 반공감적 폭력, 특히 혐오와 배제라는 오늘날의 중대한 문제를 설명하고 해결하기에는 다소 단순하고 낭만적이라는 비판을 피하기는 어려워 보입니다.

사회적 공감: 정서적 공감을 넘어 인지적 공감으로

오늘날 사회 곳곳에서 나타나는 갈등과 혐오 현상은 타자에 대한 배타적 인식, 그리고 사회적 약자를 향한 공감의 부재에서 비롯된 경우가 많습니다. 그런데 이러한 현상은 역설적으로 동일성에 기반한 자기 집단에 대한 '과도한 공감'의 결과이기도 합니다. 이점을 비판적으로 조명한 인물이 폴 블룸Paul Bloom입니다. 그는 "공감에 반대하며"Against Empathy라는 도발적인 제목의 책을 통해, 공감이 언제나 선한 결과를 낳는 것은 아니라고 주장합니다.[15] 그는 인간의 감정적 본성이 지닌 장점이 지나치게 과대평가되었다고 보며, 인간은 감정뿐 아니라 이성적 숙고를 통해 판단할 수 있는 존재임을 강조합니다.

블룸 역시 공감을 정서적 공감과 인지적 공감으로 구분합니다. 그는 "인지적 공감과 정서적 공감은 전혀 다른 뇌 과정을 거치며, 사람에 따라 어느 한쪽이 더 강할 수 있다"고 설명합니다.[16] 공감은 자동적이고 본능적인 현상이면서도, 동시에 상상과 의지를 통해 조절되고 확장될 수 있는 능력이라는 것입니다. 이러한 관점은 드 발의 이해와 대비되지만, 이는 공감을 바라보는 관점의 차이에서 비롯된 것이라고 볼 수 있습니다. 드 발이 미시적 차원에서 공감을 설명한다면, 블룸은 사회적, 정치적 맥락을 포함한 거시적 차원에서 공감을 논의합니다. 이 점에서 인지적 공감을 포함하는 관점은 공감이 사회 속에서 어떻게 작동하는지를 설명하는 데 중요한 장점을 지닙니다.

정서적 공감과 거울 뉴런계

국내에서도 공감에 대한 비판적 성찰은 꾸준히 제기되어 왔습니다. 진화생물학자 장대익은 그의 저서 『공감의 반경』에서 오늘날 사회의 심각한 양극화 현상이 인간의 공감 능력과 깊이 관련되어 있다고 주장합니다. 그렇다고 해서 그가 모든 공감을 부정적으로 보는 것은 아닙니다. 정확히 말하면, 그는 느낌과 감정에 기반한 공감, 즉 정서적 공감이 지닌 부정적 영향에 대해 문제를 제기합니다.

장대익 역시 공감을 두 가지로 구분합니다. 하나는 정서적 공감이고, 다른 하나는 인지적 공감입니다. 정서적 공감은 흔히 '감정이입'이라고 불리는 것으로, "타인의 감정을 함께 느끼는 상태"를 의미합니다. 그는 이 정서적 공감이 "익숙하고 쉽고 자동적인" 특성을 지닌다고 설명합니다. 반면, 인지적 공감은 "타인의 관점, 즉 입장과 생각을 이해하는 능력"으로, 역지사지라는 표현이 잘 어울립니다. 정서적 공감과 달리 인지적 공감은 자동으로 작동하지 않기 때문에 의식적인 노력과 훈련이 필요합니다.[17]

장대익은 인간이 다른 종과 달리 이 두 가지 공감 능력을 모두 활용할 수 있었기 때문에 가장 번영한 종이 될 수 있었다고 말합니다. 특히 인지적 공감은 타인을 배려하고 협력하게 함으로써 문명을 형성하는 데 결정적인 역할을 했다는 점에서 중요합니다. 반면, 정서적 공감에 대해서는 보다 신중한 태도를 요구합니다. 정서적 공감은 진화 역사상 비교적 이른 시기에 형성된 본능적 감정으로서 우리에게 매우 자연스럽고 긍정적인 것으로 받아들여져 왔지만, 그 과잉이 초래하는 문제에 대해서는 충분히 성찰하지 않았다는 점을 우려합니다.

정서적 공감의 작동 원리를 이해하기 위해서는 우리 뇌에 존재하는 '거울 뉴런'mirror neuron에 주목할 필요가 있습니다. 거울 뉴런은 원숭이의 뇌를 연구하는 과정에서 우연히 발견되었습니다. 원숭이가 어떤 행동을 직접 할 때뿐만 아니라, 다른 개체가 그 행동을 하는 모습을 보기만 해도 동일한 신경 회로가 활성화된다는 사실이 밝혀졌습니다.

이 발견은 우리 뇌에서 '보는 것'과 '하는 것'이 깊이 연결되어 있음을 보여줍니다. 인간 역시 원숭이와 유사한 거울 뉴런 회로를 가지고 있지만, 단순한 모방 수준을 넘어 보다 정교한 기능을 수행합니다.

원숭이의 것과는 달리 우리의 거울 뉴런계는 운동이 실행되는 방식, 운동의 목표, 운동을 실행하는 자의 의도 모두를 정교하게 부호화할 수 있다고 알려져 있다. 거울 뉴런계는 시각 정보를 곧바로 운동 신호 형식으로 변환해주는 기제를 이용하여 타 개체의 감정과 행동을 이해하게 만든다. 즉 '미

러링mirroring'을 통해 다른 개체의 마음을 느낄 수 있다는 뜻
이다.[18]

이러한 거울 뉴런계와 공감의 관계를 보여주는 연구들도 다
수 존재합니다. 예를 들어 거울 뉴런계에 손상이 있을 경우, 타인
의 행동이나 감정을 이해하는 능력이 감소하는 경향이 나타납니
다. 자폐성 장애와 관련해 일부 연구자들은 그 증상이 거울 뉴런
계의 기능 이상과 관련되어 있다고 보며, 이를 '깨진 거울 가설'
이라고 부르기도 합니다.[19] 비슷한 예로, 신경심리학자 조너선 콜
Jonathan Cole은 타인의 표정을 따라 하는 신체 반응과 타인의 감정을
읽는 능력 사이에 밀접한 연관성이 있음을 밝혔습니다.[20] 이러한
연구를 종합해 볼 때, 정서적 공감은 타인의 감정과 고통에 민감
하게 반응하도록 만들어 집단생활을 가능하게 했으며, 강력한 자
기 보호 기제로 작용해 왔다고 설명할 수 있습니다.

내집단 선호성과 부족 본능

그러나 장대익은 정서적 공감을 무조건 긍정적으로만 평가하
는 것은 위험하다고 지적합니다. 그 이유는 정서적 공감이 "강렬
하지만 쉽게 휘발되는" 특성을 지니기 때문입니다. 우리는 드라마
나 영화 속 주인공에게 감정을 이입하며 그 기쁨과 슬픔을 함께
느끼곤 하는데, 이러한 현상을 '감정 전염'emotional contagion이라고 부
릅니다.

문제는 이러한 감정 전염이 일어나는 공감의 범위, 즉 공감의 반경이 매우 좁다는 데 있습니다. 장대익은 공감의 반경에 따라 인간 사회가 내집단과 외집단으로 나뉘며, 내집단에 대한 공감이 지나치게 강해질수록 외집단에 대한 반공감적 태도가 나타난다고 진단합니다. 우리의 공감은 '우리'라고 여기는 집단에 집중되고, 그 범위를 넘어 확장되기 어렵다는 것입니다. 오히려 내집단에 대한 강력한 공감 에너지가 외집단을 '그들'로 타자화하며 갈등을 낳는다고 봅니다.

> 어쩌면 전쟁은 공감 부족 때문이 아니라 외집단보다 내집단에 대한 정서적 공감이 지나치게 강해서 발생하는 비극일지 모른다. 그렇기에 나는 감정이입이 공감의 반경에 구심력으로 작용해 더 넓어져야 할 공감의 힘을 좁게 만들고 있다고 주장하는 것이다.[21]

이러한 분석은 공감과 혐오라는 주제를 이해하는 데 중요한 통찰을 제공합니다. 공감은 내집단에게는 강력하게 작동합니다. 하지만, 그 반경이 좁아 외부로 확장되기 전에 쉽게 소멸하거나, 심지어 혐오로 전환될 수 있습니다. 장대익은 이러한 정서적 공감의 불완전한 특성을 '부족 본능'tribal instinct이라고 부릅니다.[22]

부족 본능은 인간에게 선천적으로 내재된 성향으로서 느낌과 감정의 영역에서 활발히 작동합니다. 이 본능은 가족과 동료, 집단의 생존과 번성에 매우 유용하게 작용해 왔습니다. 그러나 동시에 그 반경 밖에 있는 외집단에게는 폭력과 배제, 혐오로 이어질 위험성을 내포하고 있습니다. 장대익은 인간이 진화 과정에서 내집단을 선호하고 자신을 동일시하는 성향을 유전적으로 내면화해 왔다고 설명합니다. 그 결과 인간은 '우리'와 '그들'을 구분하며 생존해 왔고, 이 과정에서 외집단은 인간이 아닌 존재, 즉 야만인이나 짐승, 물건처럼 취급되기도 했습니다. 인류 역사에서 반복되어 온 타자화와 혐오, 배제의 문제는 바로 이 지점에서 발생합니다.

따라서 혐오와 폭력의 원인은 공감의 부족이라기보다, 오히려 특정 방향으로 쏠린 공감의 과잉이라는 설명이 설득력을 갖습니다. 이제 중요한 과제는 정서적 공감을 보완하고, 공감의 반경을 확장할 수 있는 대안을 찾는 데 있습니다.

무엇이 공감의 반경을 확장시키는가

장대익은 이러한 문제의 해법으로 인지적 공감을 강조합니다. 그의 책 부제인 "느낌의 공동체에서 사고의 공동체로"라는 표현은 이러한 입장을 잘 보여줍니다. 그는 불완전한 본능을 보완하는 핵심 기제로서 교육의 중요성을 제시합니다. 공감은 타고나는 능력이면서도, 동시에 배우고 훈련을 통해 향상시킬 수 있는 능력이라는 것입니다.

이것은 마치 모든 인간이 보편 문법universal grammar과 같은 언어 능력을 선천적으로 갖고 태어났지만 어떤 국가, 어떤 교육 환경에 놓이느냐에 따라 사용하는 언어와 그 능력의 발현 수준이 달라지는 것과 같다. 또한 본능은 외부 세계에 대한 평가와 판단 없이 무조건 발현되는 것도 아니며 장구한 세월에 상관없이 한결같은 것도 아니다. 인간의 본능은 변할 수 있으며 변하고 있다.[23]

그는 공감 능력 역시 이와 같다고 봅니다. 공감의 본능은 씨앗과 같아서 어떤 환경과 경험에 노출되느냐에 따라 다르게 자라나며, 이성적 판단을 통해 그 범위를 확장할 수 있다는 것입니다. 그는 인지적 재평가를 통한 감정 조절, 교육을 통한 아동의 공감 능력 향상, 독서를 통한 역지사지와 공감 능력의 확장 등 다양한 연구 사례를 통해 이를 설명합니다. 이러한 관점은 엘리자베스 시걸Elizabeth A. Segal이나 자밀 자키Jamil Zaki의 연구에서도 공통으로 강조됩니다.[24] 이들은 공감을 후천적으로 학습되고 계발될 수 있는 능력으로 보며, 공감 연구에서 인간 본능의 이해만큼이나 공감이 자라날 수 있는 사회적 환경을 어떻게 설계할 것인가가 중요하다고 말합니다.

공공정책 연구자인 시걸이 공감을 연구하게 된 배경 역시 사회가 더 나은 방향으로 나아가기 위해서는 타인의 삶과 조건을 이해하는 공감 능력이 필수적이라고 보았기 때문입니다. 그는 기존의 공감 연구가 주로 개인 차원에 머물러 있었던 점을 지적하면서 사회적 차원에서의 공감 개념을 확장할 필요가 있다고 주장합니다. 이를 위해 시걸은 공감이 뇌 안에서 작동하는 과정을 일곱 단계로 나누어 설명합니다. 이는 기존의 정서적 공감과 인지적 공감의 구분에 더해, 개인적 공감과 사회적 공감을 구분한 것입니다.

개인적 공감은 먼저 정서적 반응과 정서에 대한 정신적 이해에서 시작됩니다. 이는 즉각적이고 본능적인 반응과 그 경험을 떠올리고 해석하는 과정을 포함합니다. 그는 이 단계가 감정 경험과 인지적 추론을 연결하는 가교 역할을 한다고 설명합니다. 이후 단계에서는 자신과 타인을 구별하는 인식이 나타나고, 타인의 관점을 수용하는 과정이 이어집니다. 이러한 과정을 통해 비로소 자신의 감정을 조절할 수 있게 됩니다. 마지막으로, 사회적 공감의 차원에서는 상황과 구조에 대한 맥락적 이해, 그리고 거시적 관점의 수용이 추가됩니다.[25]

시걸은 개인적 차원만으로는 온전한 공감에 이르기 어렵지만, 사회적 맥락 속에서 타인의 입장을 이해하고 함께 숙고할 때 비로소 성숙한 공감이 가능하다고 말합니다. 그는 실제 공공정책의 사례를 통해, 사람들이 타인의 상황을 이해하고 자신의 감정을 조절하며 공동의 해법을 모색하는 사회적 공감의 가능성을 제시합니다. 이는 우리 사회에 꼭 필요한 사회적 역량이 아닐 수 없습니다.

이 글 마지막에서는 사회적 공감 능력을 함양하기 위한 종교의 역할에 대해 생각해 보겠습니다.

공감과 종교, 그리고 한국교회

공감에 관한 연구는 윤리적이고 실천적인 문제를 다룰 뿐만 아니라, 인간과 종교에 대한 근본적인 질문을 제기한다는 점에서도 중요한 의미를 지닙니다.

인간은 과연 어떤 존재일까요?
인간은 태어날 때부터 선한 존재일까요, 아니면 악한 존재일까요?
만약 인간이 선하다면, 우리는 왜 누군가를 혐오하고 배제할까요?
반대로 인간이 악하다면, 우리는 왜 누군가를 사랑하고 포용할 수 있을까요?
혹은, 인간은 왜 공감과 혐오라는 상반된 태도를 동시에 보일까요?

이러한 질문은 자연스럽게 종교가 공감을 어떻게 이해하는지, 또 종교가 왜 때로는 혐오를 만들어내고, 반대로 어떻게 공감을 증진시킬 수 있는지에 대한 물음으로 이어집니다.

만약 공감이 인간에게 내재된 본능이며 그 자체로 선하다고 믿는다면, 공감 외의 다른 요소들은 불필요하거나 오히려 부정적인 결과를 낳는 요인으로 여겨질 수도 있습니다. 그러나 인간의 공감 능력이 다양한 사회적 조건과 환경에 따라 다르게 발현될 수 있다면, 우리는 무엇이 공감을 키우고 무엇이 공감을 왜곡하거나 저해하는지에 관심을 기울이게 됩니다. 흥미롭게도 공감과 종교의 관계에 대한 평가는 대체로 회의적이거나 다소 모호한 편입니다.

예를 들어, 프란스 드 발과 같은 진화생물학자의 관점과 종교의 입장은 겉으로는 서로 충돌하는 것처럼 보입니다. 진화생물학의 시각에서 공감과 혐오는 선과 악이라는 도덕적 범주로 나뉘기보다는 하나의 성질에서 비롯된 서로 다른 결과로 이해됩니다. 이 관점에서 공감은 타자에 대한 도덕적 행위라기보다 개체와 집단의 생존과 항상성을 유지하기 위한 본능적 선택에 가깝습니다.

반면, 기독교는 인간의 본성을 '타락'이라는 개념을 통해 이해해 왔으며, 그 대표적인 교리가 바로 원죄 교리입니다. 원죄 교리는 인류가 보여 온 비도덕적 행위와 폭력의 역사를 설명하는 데 중요한 신학적 틀을 제공합니다. 그러나 이 교리만으로는 공감과 혐오라는 서로 모순되어 보이는 인간의 양면성을 충분히 설명하기에는 한계가 있습니다.

기독교적 세계관 안에서, 특히 개인의 신앙 차원에서 원죄 교리는 분명 유효한 설명을 제시합니다. 인간의 혐오는 타락 이후의 본성에서 비롯되며, 누구도 스스로 온전한 도덕성을 실천하기는 어렵다는 겁니다. 오직 하나님의 은혜로 구원받은 사람만이 하나님의 형상을 회복하고, 참된 의미의 도덕성, 곧 공감과 사랑을 실천할 수 있다는 설명입니다. 그러나 이러한 이해는 인간을 구원

이전과 이후로 지나치게 이분법적으로 나누고, 복합적이고 다층적인 인간 현실을 죄와 구속이라는 틀로만 해석하는 환원주의적 위험을 내포하고 있습니다.

그렇다면 기독교나 종교 밖에서도 발견되는 인간의 도덕적 행위, 곧 공감은 어떻게 이해할 수 있을까요? 필자는 이 문제에 대해 어느 한쪽의 극단적인 입장만을 고수하지 않는다면, 공감과 종교 사이에는 충분한 대화의 가능성이 있다고 봅니다. 자연신학이나 웨슬리안 전통에서는 공감과 같은 도덕적 성품을 인간 안에 내재된 하나님의 형상, 다시 말해 양심과 같은 도덕성의 일부로 이해하기도 합니다.[26] 이러한 논의는 창조 신학의 중요성을 다시금 환기시킵니다. 오늘날 종교와 과학의 대화는 그 어느 때보다 중요한 과제가 되었으며, 인간뿐 아니라 동물을 포함한 피조 세계, 더 나아가 인간과 사물, 환경이 맺고 있는 관계의 의미에 대해서도 신학은 적극적으로 성찰하고 대화할 필요가 있습니다.[27]

한편, 장대익은 정서적 공감이 지닌 부족 본능의 위험성을 경계하면서 인지적 공감 능력을 길러 공감의 반경을 확장해야 한다고 강조합니다. 그는 내집단을 향한 강한 공감 에너지와 외집단을 향한 배타적 태도가 서로 다른 현상처럼 보이지만, 사실은 동일한 원인, 즉 특정 방향으로 쏠린 공감에서 비롯된 것이라고 설명합니다. 결국 그의 핵심 주장은 공감의 반경을 안으로 끌어당기는 구심력이 아니라, 바깥으로 확장하는 원심력의 방향으로 전환하는 것이 인류 사회의 과제라는 점입니다.

이러한 기준에서 볼 때, 장대익은 종교를 매우 강한 구심력을 지닌 집단으로 분류합니다. 동일성을 바탕으로 집단의 결속과 안정을 추구하는 것은 인간의 본능과도 같지만, 그는 바로 이 점 때문에 종교가 공감의 반경을 좁히고 타자와 타집단에 대한 배타적인 태도를 낳는다고 비판합니다. 이른바 '나쁜 공감'의 대표적인 사례로 종교를 지목한 것입니다.

그가 제시하는 부족 본능의 사례에는 예멘 난민이나 사회적 약자를 배제하는 집단으로서의 종교가 등장합니다. 필자 역시 이러한 비판의 문제의식에는 동의합니다. 그러나 그것을 종교의 고정된 본성으로 일반화하는 데에는 신중할 필요가 있습니다. '종교'라는 개념 자체가 매우 다양할 뿐 아니라, 하나의 종교 안에도 서로 다른 신앙 스펙트럼과 실천 방식을 지닌 사람들이 존재하기 때문입니다. 종교의 성격은 고정된 것이 아니라, 사회와 역사 속에서 끊임없이 형성되고 재형성됩니다. 그럼에도 불구하고, 한국 사회 속에서 한국교회가 보여 준 이른바 '광장 속 기독교'의 모습이 다양성을 존중하고 사회적 약자를 포용하는 공감의 종교였는지에 대해서는 비판을 겸허히 받아들이고 깊이 성찰해야 할 것입니다.

이와 관련해 시걸은 공감과 종교의 관계를 보다 세분화하여 '좋은 종교', '나쁜 종교', 그리고 '더 나쁜 종교'라는 틀로 설명합니다. 그녀는 종교 역사 속에서 반복되어 온 폭력의 사례들—종교 재판, 마녀사냥, 종교 전쟁 등—과 동시에 종교 경전이 가르치는 황금률과 이웃 사랑의 가르침을 함께 바라보며 신중한 제안을 내놓습니다. 종교가 사회적 공감을 기르기 위해서는 경전을 문자 그대로만 읽기보다 맥락 속에서 이해해야 하며, 정치적 이해관계와 결합된 집단주의나 부족주의를 경계해야 한다는 것입니다.[28] 그럼에도 시걸은 종교가 본질적으로 공감적인 요소를 지니고 있다고 말합니다. 그는 그 희망을 신과 인간, 나와 너라는 관계를 중심에 두는 종교의 교리와 실천에서 찾습니다. 이러한 관계 중심성은 사회적 공감을 확장할 수 있는 중요한 자원이 될 수 있습니다.

만약 진정한 공감이 자기 자신을 넘어 타자의 입장에 서서 느끼고 헤아리며, 나아가 그를 위해 희생하고 넉넉히 환대하는 것이라면, 그리고 그러한 과정에서 발생할 수 있는 위험과 불안정성을 감당하는 것이라면, 이는 오랜 시간 공감과 사랑의 관계 속에서 은총의 경험을 축적해 온 그리스도인 공동체가 가장 잘 감당할 수 있는 영역일지도 모릅니다. 오늘날 우리 사회가 종교와 한국교회에 기대하는 바가 바로 여기에 있을 것입니다.

나가며: 타인을 향한 책임과 섬김으로

혐오와 갈등이 점점 고조되고 일상화되고 있는 오늘의 한국 사회에서 공감은 그 어느 때보다 중요한 삶의 지혜이자 능력이라고 할 수 있습니다. 앞서 살펴본 것처럼, 공감은 인류에게 내재된 본능으로서 타인의 감정을 읽고 자신을 그와 동일시함으로써 집단을 형성하고 유지하게 해 왔습니다. 그러나 이 본능이 내집단을 향해 지나치게 작동할 때, 공감은 오히려 갈등과 혐오, 배제를 낳는 출발점이 되기도 합니다.

신경과학과 생물학의 연구는 공감이 단순한 본능에 머무르지 않는다는 점을 보여줍니다. 공감은 인지의 과정을 통해 감정을 조절하고 재구성함으로써 더 넓고 성숙한 형태로 계발될 수 있는 능력입니다. 다시 말해, 우리의 본능이 우리를 '우리'와 '그들'로 갈라놓지 않도록 조율해 줄 외부의 자극과 훈련이 필요하다는 뜻입니다.

바로 이러한 맥락에서 기독교는 여전히 우리 사회에서 중요한 역할을 감당할 수 있다고 생각합니다. 기독교 신앙은 신이 인간이 되어 우리의 삶 한가운데로 들어오시고, 우리의 모습으로 우리와 함께 아파하고 기뻐하며 공감하셨다는 이야기에서 출발하기 때문입니다. 그리스도의 삶과 사랑은 타인을 이해하고, 나아가 타인을 위해 자신을 내어주는 삶으로 우리를 초대합니다.

결국 공감이 단순한 감정의 반응을 넘어 타인을 향한 책임 있는 이해와 섬김으로 나아갈 때, 그 공감은 개인을 넘어 공동체와 사회를 변화시키는 힘이 될 수 있습니다. 오늘의 한국 사회가, 그리고 한국교회가 다시금 이러한 공감의 길을 진지하게 고민하고 실천해 나가기를 기대합니다.

2장

AI 시대의 목회 원칙과 윤리적 과제

김성수

독일 보훔대학교에서 기독교 윤리학 전공으로 박사학위(Dr.theol.)를 취득했다.
현재 명지대학교 교목으로 재직하면서 다양한 법윤리 이론을 연구하고 있다.
저서로 『정의로운 기독시민』, 『능력주의의 함정』(이상 공저) 등이 있다.

AI의 발전은 직업 생태계에 큰 변화를 가져오고 있다. 목회
자도 정서적 위로와 안정을 제공하는 소셜로봇에 의해 어
려움을 겪게 될 가능성이 높다. 이러한 현실에서 기술 발전
에 대응하는 목회 원칙과 윤리적 과제의 재정립이 필요하
다. 그 모색과 실천을 통해 AI 시대에 적합한 목회 사역이
이뤄지게 될 것이다.

* 이 글은 《성결교회와 신학》 제52호(2024. 12. 31)에 실린 동명의 글을 경어체
로 수정한 것입니다. 지면 제한으로 인해 주요 참고문헌만을 기재했으며, 기타
참고문헌은 원문을 참조하시기 바랍니다.

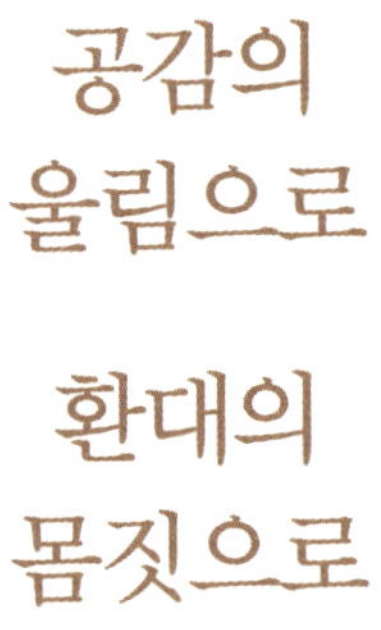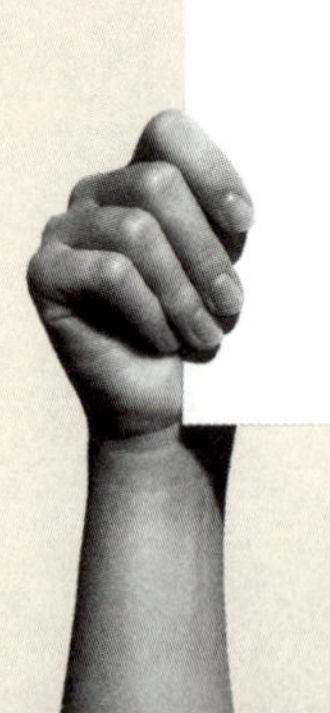

공감의
울림으로

환대의
몸짓으로

들어가면서

2019년 12월 17일, 우리 정부는 전 부처 합동으로 AI 기술의 개발과 활용 증진을 목적으로 한 '인공지능 국가전략'을 발표했습니다. "IT 강국에서 AI 강국으로"라는 슬로건을 가진 이 국가전략은 이미 뛰어난 AI 기술을 보유하고 있는 국가들, 그리고 다국적 기술 기업들과의 기술 격차를 줄이고자 하는 의도를 가지고 기획되었습니다. AI 기술 개발과 활용이 경제 영역에 미치는 영향이 막대하기 때문에 그 격차를 줄임으로써 경제발전을 추동하고자 한 것입니다. 이를 위해 정부는 천문학적인 재원을 투자하고, 규제 완화 등의 제도적 지원을 아끼지 않을 것을 천명했습니다. 이후 정부의 전폭적인 지원 속에 기술 개발이 이뤄졌습니다. 이를 통해 국내외 기술 기업들의 상호작용이 촉진되는 과정을 거치며 AI는 우리 일상에 깊이 뿌리내렸습니다. 스마트폰, 태블릿 PC, 가전제품 등의 기능에 AI가 차지하는 비중이 커졌고, 자율주행택시와 자율주행버스 등을 통해 공공영역에서도 AI와 접촉하는 일이 늘어났습니다.

AI의 발전을 비교적 최근에 피부로 느끼게 되었지만, 이에 대한 관심은 오래전부터 있었습니다. 20세기 초반 영국의 수학자이자 컴퓨터 과학자인 앨런 튜링Alan Turing이 AI의 가능성을 주장했고, 1956년 미국 다트머스 회의 이후로 그 논의가 본격화되었습니다. 이후 개념이 정립되는 과정을 거쳐 AI는 인공지능Artificial Intelligence

이라는 명칭이 암시하고 있는 것처럼 인공적으로 만들어진 지능이라는 의미를 지니게 되었습니다. 이러한 이해의 배후에는 AI가 인간의 지능과 유사한 작업을 수행한다는 인식이 자리하고 있습니다.

이 유사성을 이해하기 위해서는 독일 철학자 임마누엘 칸트Immanuel Kant의 생각을 먼저 알 필요가 있습니다. 그는 인간이 모두가 옳다고 여기는 행동을 파악할 수 있는 능력을 선천적으로 가지고 있다고 보았습니다. 이 능력을 토대로 모두에게 공감을 얻을 수 있는 행동 원칙을 스스로 정하고, 그에 따라 옳은 행동을 하며 살 수 있는 것입니다. 그런 점에서 인간은 스스로autos 옳은 법칙nomos을 규정할 수 있는 능력, 곧, 자기 입법의 능력을 가지고 있습니다. 이 자기 입법의 능력을 칸트는 자율성Autonomie이라고 불렀습니다.

칸트의 생각을 우리의 일상 언어로 번역해 본다면, 인간은 지식을 바탕으로 사유하며, 스스로 결론을 도출해내는 능력을 가지고 있습니다. AI도 이와 유사한 능력을 지니고 있습니다. 기존의 컴퓨터 체계는 설계자에 의해 구성된 알고리즘 규칙에 정보를 입력하고, 그에 따른 결과를 얻는 자동 시스템automated system에 해당합니다. AI는 알고리즘 규칙에 의존하는 시스템이 아닙니다. AI는 대량의 정보big data를 토대로 스스로 심층학습deep learning을 시도함으로써 결론을 도출해냅니다. 여기에 알고리즘이 존재하긴 하지만 최소한의 규모로 구성되며, 학습 방향을 지시하는 소극적 역할

만을 수행합니다. 여기서 알 수 있듯이, AI는 마치 인간의 그것처럼 스스로 결론을 얻는 지적 작업을 수행합니다. 그런 점에서 AI는 인간과 마찬가지로 자율적autonomous system입니다. 이처럼 AI는 구조적으로 인간과 유사한 지적 활동을 하는 것처럼 보이기 때문에 인간과 비슷한 인공적인 지능으로 불립니다. 이러한 특징에서 알 수 있듯이 AI가 양질의 결과물을 얻기 위해서는 학습의 전제인 정보의 확보가 매우 중요합니다. 정보가 많고 수준이 높을수록 좋은 결론을 내릴 수 있는 것입니다. 그런 점에서 AI 기술이 최근 급격한 발전을 이룬 것은 인터넷의 발달과 깊이 연관되어 있습니다. 양질의 정보가 대량으로 유통되면서 학습의 질도 자연스럽게 높아진 것입니다.

그 결과, AI는 앞서 설명한 것처럼 우리 삶에 깊숙이 들어오게 되었습니다. AI에게 기대하는 것은 다른 과학 기술처럼 인간에게 편익을 제공하는 것입니다. AI는 인간 삶을 위한 유용한 도구가 되어야 합니다. 그러나 이 기술이 인간 삶에 부정적 영향을 함께 가져다줄 것이 예상됩니다. 목회자들도 AI 기술로 인해 이익을 얻기도 하겠지만, 예기치 않은 어려움을 겪게 될 수 있습니다. 이 글을 통해 AI 기술이 목회자들에게 안겨줄 어려움에 대해 설명할 것입니다. 그리고 그에 대응하는 차원에서 재정립되어야 할 목회 원칙과 윤리적 과제를 제시할 것입니다.

AI와 목회자의 위기

과학 기술의 발전은 인간에게 큰 도움을 주었습니다. 의식주의 해결이 수월해졌고, 다양한 분야의 편의가 가능해졌기 때문입니다. 가령 인간은 더위와 추위에 취약했지만, 에어컨과 히터 등의 개발을 통해 체온 유지가 좀 더 용이해졌습니다. 이처럼 기술 발전은 인간의 삶을 윤택하게 만들었지만, 의도치 않은 문제를 가져오기도 했습니다. 특히 이것은 인간의 노동에 영향을 미쳤습니다.

성서는 첫 인간이 노동의 과제를 부여받았다는 것을 설명하고 있습니다. 하나님은 첫 인간에게 에덴동산의 경작과 관리를 맡기셨습니다창2:15. 이것은 노동에 관한 명령에 해당합니다. 노동은 하나님에 의해 부여된 신성한 행위였습니다. 그러나 타락으로 인해 노동은 생존을 위해 땀 흘리며 감당해야 하는 고통스러운 행위라는 의미를 지니게 되었습니다창3:17-19. 하지만 하나님의 위임이라는 점은 변하지 않기 때문에 인간은 평생 열심히 일할 것을 과제로 가지고 있습니다.[1] 하나님은 부여된 노동에 충실한 사람에게 복을 주십니다. 이처럼 성서는 지속되어야 할 인간의 책무로 노동을 설명하고 있습니다.

노동은 세속적 의미를 지니고 있기도 합니다. 현대 사회에서 이것은 인간 삶을 위한 필수 활동으로 이해됩니다. 노동은 임금 소득을 가져오고, 이를 토대로 생계를 꾸리며 살 수 있기 때문입니다. 그래서 노동은 먹고 살기 위해 해야만 하는 고통스럽고, 괴로운 활동이라는 인식이 적지 않습니다. 이 생각은 고대 사회에도 존재했습니다. 당시 사람들도 생존을 위한 불가피한 행위로 노동을 이해했고, 더 나아가 이를 최대한 피하는 것이 좋다는 생각을 하기도 했습니다. 고대 그리스에서는 이 생각을 기초로 자유인들이 노동을 노예에게 전담시키고, 자신들은 정신적인 활동에 전념하는 일이 많았습니다. 노동의 가치는 자본주의의 발전 과정에서 비로소 재고되었습니다. 독일 철학자 게오르크 빌헬름 프리드리히 헤겔Georg Wilhelm Friedrich Hegel은 노동하지 않는 사람은 세계에 대한 인식을 갖지 못하고 다른 사람에게 의존하게 되는 반면, 노동하는 사람은 세계에 대한 이해를 갖게 되며 다른 사람에게 의존하지 않고 자유롭게 살게 된다는 것을 역설했습니다. 노동은 세계 이해와 진정한 자유를 누리도록 돕는 활동입니다. 이러한 이해와 자유는 자기실현으로 이어집니다. 헤겔의 생각에서 엿볼 수 있듯이, 근대 이후로 노동은 인간의 생계와 자기실현을 위해 필수적인 활동으로 이해되었습니다.

따라서 노동을 하지 못하게 되는 것은 인간에게 위협적으로 느껴질 수밖에 없습니다. 기술 발전은 인간의 삶을 윤택하게 만들어 주었지만, 노동 기회를 빼앗아 감으로써 인간에게 실존적 위협을 안겨주기도 합니다. 영국에서 시작된 산업혁명이 그 대표적인 예입니다. 산업혁명의 발흥은 면직물 산업의 성장과 맞물려 이루어졌습니다. 이전까지 실과 옷감은 직조공들에 의해 가내수공업 형태로 생산되었지만, 방적기와 직조기가 개발되면서 그 생산 시간이 단축되었고, 대량 생산이 가능해졌습니다. 이처럼 공장제 기계 공업 구조로 개편되면서 일거리를 잃은 직조공들이 급증했습니다. 생계와 자기실현이 불가능해진 직조공들은 그 분노를 기계를 제작하고 생산한 사람들에게 돌렸고, 이는 그들의 집과 공장을 습격하는 폭력 행위로 이어졌습니다. 직조공들을 대표하는, 그러나 실존 인물인지는 불분명한 네드 러드Ned Ludd의 이름을 딴 러다이트Luddite라 불리는 실직자들의 폭력 행위는 곧 법의 제재를 받았습니다. 폭력 행위는 질서와 안전을 위협하기 때문에 정당화되기 어렵지만, 당시 그들이 느꼈을 불안과 분노는 충분히 이해할 만합니다. 노동의 가능성을 상실함으로써 생존과 자기실현이 불가능해졌기 때문입니다.

직조공들이 경험한 실존적 위협은 다시 반복될 가능성이 큽니다. 최근 발전하고 있는 AI는 다양한 분야의 업무를 수월하게 만들어 주겠지만, 이와 함께 이것이 인간을 대체하는 현상이 심화할 것으로 예상됩니다. 2023년 한국은행이 발표한 <AI와 노동시장 변화> 보고서는 우리나라 전체 취업자 수의 12%에 해당하는 약 341만 명이 AI에 의해 대체될 가능성이 높다는 분석을 내놓았습니다. AI가 인간을 대신할 충분한 역량과 경제적 이점을 가지고 있기 때문입니다. 2010년대 중반 미숙련 노동자를 비롯하여 연예인, 요리사 등의 직군, 그리고 변호사, 의사, 약사, 회계사, 세무사, 기자 등 전문직도 AI의 영향을 받게 될 것으로 예상되었습니다. 이 예상은 이미 상당 부분 현실이 되었습니다. 연예인 대신 가상

인간이 드라마와 홈쇼핑 등에서 맹활약을 펼치고 있고, 치킨 로봇과 커피 로봇 등이 요식업계에서 자리를 잡아가는 것을 볼 수 있습니다. 또한 다양한 전문직 직군 역시 AI로 인해 그 수가 점차 줄어들고 있기도 합니다. 앞으로 화학공학 기술자, 발전장치 조작원, 금속재료공학 기술자 등 AI 기술로 수행이 가능한 업무가 주를 이루는 고소득, 고학력 노동자도 일자리 감소를 경험하게 될 것입니다.

AI로 인해 사라지거나 그 수가 줄어들 직군이 존재하는 반면, 그 여파를 받지 않을 것으로 예상되는 직군들도 적지 않습니다. 가령 인간의 감정과 경험이 중시되는 영화감독, 작가 등의 직업과 로봇이 하면 선호하지 않을 미용사 등의 직업은 AI에 의해 대체될 가능성이 적을 것으로 예상합니다. 그리고 대면 접촉과 관계 형성이 필수적인 종교 관련 직업도 그 영향을 받지 않으리라 전망합니다. 이러한 측면에서 목회자는 AI 시대에도 대체 위험성이 적은 직업이라 볼 수 있습니다. 그러나 안심하기에는 이릅니다. 목회자 역시 기술 발전의 영향을 받을 가능성이 존재하기 때문입니다.

이 생각은 소셜 로봇social robot의 발전에 근거를 두고 있습니다. 소셜 로봇은 AI 기술을 토대로 인간과 소통할 수 있는 능력을 가진 로봇을 말합니다. 이 로봇은 특히 일본에서 많은 관심을 받았습니다. 1999년 일본 소니에서 발매한 로봇 강아지 '아이보Aibo'는 큰 인기를 끌며 높은 판매량을 기록했습니다. 아이보는 AI 기술을 통해 주인의 감정을 분석하고, 그에 적절하게 반응하며 움직일 수 있는 반려로봇입니다. 노년층이 주된 구매자였는데, 인기 비결은 반려동물에 비해 먹이, 배변 등과 관련하여 관리가 용이하고, 질병과 죽음 등에 의한 정신적 충격이 존재하지 않는다는 데 있었습니다. 무엇보다 아이보와의 소통을 통해 인간관계의 축소에서 오는 외로움과 소외감이 해소된다는 것이 가장 큰 장점이었습니다. 아이보를 통해 정서적 위로와 안정을 얻게 된 것입니다. 그러나 경영상의 이유로 2006년 그 생산이 중단되었고, 사후 서비스마저 몇 년 뒤 중단됨으로써 작동하지 않는 아이보가 증가했습니다. 이 상황을 안타까워하던 구매 노인들은 아이보의 장례식을 함께 열기도 했습니다. 여기서 그들이 정서적 위로와 안정을 제공해 준 AI에게 깊은 애착을 가지고 있었다는 것을 알 수 있습니다. 2018년 더 높은 버전의 AI가 탑재된 아이보가 재출시되었는데, 현재도 많은 사랑을 받고 있습니다.

소셜 로봇의 인기는 비단 일본에서만 찾아볼 수 있는 현상은 아닙니다. 2018년 개발된 후 2020년부터 우리나라 독거노인들에게 보급되기 시작한 효돌이, 효순이는 AI가 탑재된 돌봄로봇입니다. 그러나 이것은 낮은 수준의 AI가 탑재되어 주인의 말에 반응하여 적절한 반응을 할 수 있을 정도의 기능만을 갖추고 있습니다. 또한 작은 인형의 외형을 가진 채 움직임이 불가능한 한계를 지니고 있습니다. 노인들은 효돌이와 효순이가 기능적 한계를 지니고 있음에도 불구하고 자신의 말에 반응한다는 점에 큰 만족도를 나타냈습니다. 노인의 외로움과 소외감을 해소하고 정서적 위로와 안정을 제공해 줄 수 있기 때문에 이 돌봄로봇을 찾는 지자체가 늘고 있습니다. 이미 그 수가 100곳을 넘어섰습니다. 효돌이와 효순이는 또한 노인의 상황을 분석하여 약 복용 알림, 식사 관리, 응급상황 연락 등의 기능을 수행하기도 합니다.

노년층만이 AI로부터 정서적 위로와 안정을 얻는 것은 아닙니다. 노인이 느끼는 것과 같은 고립감은 사회 전반에 만연해 있습니다. 최근 한국 사회는 무연사회無緣社會로 불리고 있습니다. 특히 1인 가구가 증가하면서 인간관계가 약화되는 현상이 심화하고 있습니다. 이로 인해 외로움과 소외감을 느끼는 이들이 적지 않습니다. 이러한 현실에서 AI 기술을 통해 정서적 위로와 안정을 찾으려는 시도가 점차 증가할 것입니다. 그리고 정서적 위로와 안정을 제공해 주는 AI에게 애착을 넘어 사랑의 감정을 느끼는 경우도 늘어날 것입니다. 이 현상을 긍정하면서 AI와의 상호 간 사랑이 가능하다는 주장도 제기되고 있습니다. 이 연장선상에서 AI 로봇과의 육체적 사랑이 일반화될 것이라는 전망이 나타나고 있기도 합니다.

이 현상의 현실화는 종교의 역할 축소로 이어질 것입니다. 정서적 위로와 안정을 종교에서 찾지 않고 AI를 통해 얻고자 하는 시도가 증가할 수 있습니다. 이 현상은 교회의 위기, 더 나아가 목회자의 위기로 이어질 가능성이 큽니다. 2023년 목회데이터연구소에서 2000명의 개신교인을 대상으로 실시한 <한국인의 종교

현황과 의식> 조사 결과를 보면, 종교 활동의 이유를 묻는 질문에서 '마음의 평안'이라고 응답한 비율이 42%에 달합니다. 1위에 해당하는 이 비율은 2017년 조사 때보다 5%가 증가한 것입니다. 당시 43%로 1위였던 '구원과 영생'은 36%로 감소했습니다. 여기서 최근 종교의 필요성을 구원과 영생보다도 정서적 위로와 안정에서 찾는 추세를 읽을 수 있습니다. 이는 개신교를 넘어 종교에 대한 사회의 최근 인식을 반영하고 있습니다.

문제는 정서적 위로와 안정을 제공하는 대상을 종교 대신 AI에서 찾으려는 시도가 증가할 수 있다는 데 있습니다. AI에게 친근감을 느끼고 그에 의지하는 사람들이 늘어나면서 이 일은 현실이 될 가능성이 높습니다. 이는 교회의 약화로 이어지고, 자연스럽게 목회자도 그 영향을 받게 될 것입니다. 그런 점에서 AI 기술의 발전은 목회 사역에 부정적 영향을 미칠 수 있습니다. 이러한 변화가 예상되는 상황에서 목회의 증진을 위해 그 원칙과 윤리적 과제가 재정립될 필요가 있습니다.

목회 원칙과 윤리적 과제의 재정립

그리스도인은 예수 그리스도의 지상명령마28:18-20을 실행에 옮겨야 할 과제를 지니고 있습니다. 이것은 목회자에게도 유효한 명령입니다. 목회자는 복음을 전해 구원과 영생을 실제로 경험하도록 도와야 할 책임을 지니고 있습니다. 복음을 전하는 일은 고유

직무인 목회를 통해 구체화됩니다. 인간은 행복한 삶을 희구하지만, 현실은 그와 달리 다양한 형태의 고난과 고통 등으로 가득 차 있습니다. 이러한 상황에 직면하여 근심, 실망, 절망 등의 부정적 감정을 겪는 사람들이 적지 않습니다. 이들을 위해 목회가 긍정적 기여를 하게 됩니다. 마르틴 루터는 목회가 부정적 현실을 극복할 수 있도록 돕는 역할을 한다고 보았습니다. 그래서 위로trost가 목회의 본질이라고 이해했습니다.[2] 그런 점에서 목회자는 근본적으로 위로를 과업으로 지니고 있습니다.

이에 따라 목회자의 과업이 AI가 제공하고 있는 정서적 위로, 안정과 비슷하다고 생각할 수 있습니다. 그러나 목회자가 추구하는 위로는 복음에 근간을 두고 있는 것으로서 AI의 그것과 질적 차이를 지니고 있습니다. 예수 그리스도의 죽음과 부활 사건에 응축된 사랑과 희망의 메시지는 AI로부터 유래한 심리적 위안이 제공할 수 없는 내면의 완전한 회복을 가져다줍니다. 이를 통해 "세상이 주는 것과 같지"요14:27 않은 참 평안을 누립니다. 이러한 목회자의 과업은 하나님의 부르심과 관련되어 있습니다. 루터는 일상 속 모든 직업이 부르심의 장소라는 점을 강조했습니다. 하나님이 부여하신 책임의 장소이기 때문에 그리스도인은 자신의 직업 활동에 최선을 다해야 합니다. 목회자도 하나님의 부르심을 받았습니다. 그래서 책임감을 갖고서 고유 과업인 목회에 힘써야 합니다. AI는 이러한 하나님의 부르심과 무관하며 책임감도 없습니다. 목회자만이 하나님을 근원으로 삼고 있는 책임 의식을 가지고서 위로 사역에 임할 수 있습니다.

목회자가 추구해야 할 위로는 일차적으로 공감을 필요로 합니다. 이것은 AI와의 차별점에 해당합니다. 소셜 로봇에 탑재된 AI는 인간의 감정을 읽고, 그에 맞춰 반응하는 일에 특화되어 있습니다. 말, 표정, 몸짓 등의 정보를 가지고 인간의 감정을 분석합니다. 그리고 그에 적합한 반응을 보입니다. 감정과 관련된 정보가 증가하면서 자연스럽게 AI의 감정 분석과 대응도 다양화되고, 구체화되었습니다. 이에 따라 AI가 인간의 감정을 잘 이해하고, 반응하는 것처럼 보이게 되었습니다. 그로 인해 사람들은 AI로부터 정서적 위로와 안정을 얻고 있습니다. 그러나 AI는 단지 감정을 분석하고 그에 맞춰 대응하는 것일 뿐 감정을 가지고 있지 않습니다.

그런 점에서 앞서 설명했던 AI와의 사랑이 가능하다는 주장은 설득력을 얻기 어렵습니다. 이를 잘 나타내고 있는 영화가 스파이크 존즈Spike Jonze가 감독하고, 호아킨 피닉스Joaquin Phoenix가 주연을 맡은 2014년 개봉작 <그녀Her>입니다. 이 영화에서 남자 주인공 테오도르는 AI 운영체제인 사만다와의 대화와 소통을 통해 사랑에 빠지게 됩니다. 그러나 이것은 상호 간의 사랑이 될 수 없습니다. 사만다는 감정이 없는 AI로서 인간의 말, 표정, 몸짓에 적절히 반응했을 뿐인데, 테오도르는 이것을 자신에 대한 긍정적 감정으로 해석하고 사랑의 감정을 갖게 된 것입니다. 여기서 알 수 있듯이, AI는 감정을 분석하고, 그에 맞게 반응하는 체계에 불과합니다.

목회자는 AI와 달리 감정을 가지고 있습니다. 감정은 지성, 의지와 함께 인간의 영혼을 구성하는 한 축입니다. 감정은 인간의 특성에 해당합니다. 인간은 타자와 대면하여 참된 감정을 느끼고, 그것을 표현합니다. 타자의 감정에 기계적으로 반응하는 것이 아니라 내면에서 우러나온 감정을 공유하는 것입니다. 그런 점에서 목회자는 AI와 달리 참된 감정을 토대로 타자의 상황에 공감할 가능성을 가지고 있습니다. "즐거워하는 자들과 함께 즐거워하고 우는 자들과 함께 울"롬12:15 수 있는 것입니다. 이 공감을 바탕으로 목회자는 타자를 위한 위로 사역에 임합니다.

그러나 이것은 위로의 말을 건네는 것만을 의미하지 않습니다. 목회자는 본질적인 위로를 경험하도록 하나님과의 만남을 돕고, 하나님의 사랑을 간접적으로 체험하도록 선행의 수혜를 도와야 합니다. 이것은 설교의 실행과 이웃 사랑의 실천을 통해 구체화됩니다. AI 시대에 이 두 가지 과제가 전개되어야 할 방향을 살펴보겠습니다.

AI와 설교 준비

개신교는 하나님의 은혜를 말씀을 통해 경험할 수 있다는 기본 인식을 가지고 있습니다. 여기서 하나님의 말씀은 크게 세 가지 형태를 지닙니다. 계시된 말씀인 '예수 그리스도', 기록된 말씀인 '성서', 선포된 말씀인 '설교'가 바로 그것입니다.[3] 여기서 알 수 있듯이, 설교는 하나님의 말씀이 전달되는 하나의 통로입니다. 인간의 음성을 통해 하나님의 말씀이 인간에게 전달됩니다. 율법과 복음으로 이뤄진 말씀이 전달되는 설교를 통해 실존적 불안과 위기를 겪고 있는 사람은 위로를 얻고 거룩을 경험합니다. 설교를 통해 하나님의 말씀이 전달되고 선한 결과가 나타나는 것은 성령이 이 과정에 개입하여 활동하기 때문입니다. 루터는 이 점을 특히 강조했습니다.[4]

> "성령이 없으면 말씀이 계시되지도 않고, 말씀을 설교할 수도 없습니다. 그런 곳에는 오직 인간과 악한 영만 남아서, '자기 공로로 복을 얻고 은총에 이를 수 있다'고 가르칩니다. 그런 곳은 그리스도의 교회가 아닙니다. 왜냐하면 그리스도가 선포되지 않는 곳에는 성령이 없기 때문입니다. 성령은 교회를 그리스도의 소유로 만들고, 그리스도인을 부르며 모읍니다. 그러므로 성령이 함께하는 교회를 떠나 주님이신 그리스도께 이를 자가 없습니다."

여기서 설교가 단순한 강연과 달리 신적 존재가 영향을 미치는 특별한 사건이라는 점을 알 수 있습니다. 이러한 측면에서 설교는 지식과 정보의 취합에 중점을 두고 준비되기보다 기도를 토대로 한 경건 생활을 바탕으로 준비되어야 합니다. 하나님의 영감을 간구하는 과정이 필요한 것입니다. 그리고 이 바탕 위에서 자료 수집과 정리, 원고 작성, 원고 숙달의 과정을 거쳐야 합니다. 2023년 목회데이터연구소가 802명의 담임목사를 대상으로 실시한 <한국교회 목회 실태> 조사 결과에 의하면, 주일 설교 준비 시간은 평균 8시간 54분입니다. 그리고 설교 준비 과정에서 주석 84%, 신앙 서적65%, 기독교 연구소 자료43% 등이 활용되었습니다. 주당 약 9시간 동안 다양한 자료를 바탕으로 설교 준비가 이뤄지고 있는 것입니다.

설교 준비에 들이는 시간과 노력은 앞으로 크게 줄어들 것으로 예상됩니다. 이는 챗GPT와 같은 생성형 AI의 발달과 관련되어 있습니다. AI가 자료 조사와 분석, 심지어 원고 작성을 도와주기 때문에 설교 준비가 한층 수월해질 것입니다. 그러나 이 변화는 문제점을 가지고 있습니다. 기술 활용을 통해 수월하게 설교 준비가 가능하기 때문에 신학적 탐구를 게을리하게 될 위험이 있습니다. 손쉽게 정보를 수집, 활용할 수 있게 되면서 자료를 직접 수집, 정리하고, 신학적 지식을 내면화하는 일을 번거롭게 생각할 수 있습니다. 이보다 더 심각한 것은 경건 생활을 통해 하나님의 영감을 간구하는 과정이 간과될 수 있다는 점입니다. 하나님이 아닌 AI에 의존한 설교 준비가 이뤄질 수 있는 것입니다. 이것은 루터가 말한 우상숭배와 궤를 같이합니다. 그는 하나님이 아닌 다른 대상을 의지하는 것을 우상숭배라고 규정했습니다.[5]

"당신의 마음이 매달려 있고 당신의 모든 것을 지탱하는 대상, 그것이 바로 당신의 신입니다."

"특별히 곤궁과 어려움에 처해 있을 때를 생각해 보십시오. 그때 오직 하나님께만 좋은 것을 기대하고 다른 모든 것을 거부하고 버릴 마음이 있다면, 당신은 바른 하나님을 섬기고 있는 것입니다. 반대로 하나님이 아닌 다른 것에 매달려 좋은 것과 도움을 기대하고 있다면, 그리고 하나님의 피난처를 의지하지 않고 그분에게서 멀리 도망친다면, 이것은 당신이 우상을 섬기고 있다는 증거입니다."

우상숭배는 신앙하는 대상과 관련된 문제일 뿐만 아니라, 설교 준비 시 의지하는 대상과 관련된 문제이기도 합니다. AI의 발달은 하나님이 아닌 AI에 의존하여 설교를 준비하는 문제를 야기할 수 있습니다. 그런 점에서 하나님의 영감을 간구하는 경건 생활을 게을리하지 않고, AI를 설교 준비를 위한 도구로 적절히 사용하는 태도가 필요합니다.

AI와 이웃 사랑

목회자는 이웃 사랑을 실천하여 실존적 불안과 위기를 겪고 있는 사람이 하나님의 사랑과 위로를 간접적으로 느끼는 기회를 제공해야 합니다. 이웃 사랑은 크게 소극적 차원과 적극적 차원을 가지고 있습니다. 이웃 사랑의 소극적 차원은 이웃에게 피해를 주지 않는 것을 뜻하고, 적극적 차원은 구체적 행위를 통해 도움 주는 것을 의미합니다.

AI 시대 목회자에게 필요한 소극적 차원의 이웃 사랑은 잘못된 지식과 정보를 제공하지 않는 것입니다. 2016년 이후로 거짓 정보와 가짜 뉴스가 만연하면서 탈진실 개념이 유행하기 시작했습니다. 이 현상이 말해 주듯이, 다양한 분야에서 거짓 정보와 가짜 뉴스가 양산되어 다양한 문제를 야기했습니다. 특히 특정 개인과 집단의 존엄과 가치를 훼손하고 사회 안정을 해치는 결과를 초래했습니다. 그리고 여론 형성에 영향을 미치면서 미국과 영국 등 여러 국가에서 중대한 정치적 결정에 영향을 주기도 했습니다. AI 기술이 발전하면서 거짓 정보와 가짜 뉴스는 진화하고 있습니다.[6] 진위를 판단하는 것이 어려울 정도로 고도화되고, 정교화되고 있는 것입니다. 특히 최근 딥페이크deep fake 영상이 많은 우려를 낳고 있습니다. 초기에 그 대상은 주로 정치인과 연예인이었지만, 이제 일반인에 대한 딥페이크 영상이 무차별적으로 유통되는 상황입니다.

이러한 현실에서 목회자는 거짓 정보와 가짜 뉴스에 대한 경각심을 가져야 합니다. 온라인상의 모든 지식과 정보가 진실이 아니라는 문제 의식을 가지고 비판적으로 내용을 검토해야 합니다. 이러한 디지털 문해력digital literacy이 부재할 경우 목회자는 위로가 필요한 사람에게 도움 대신 혼란을 안겨줄 수 있습니다. 그가 고민하는 사안에 대해 잘못된 정보를 줄 수 있는 것입니다. 따라서 거짓 정보와 가짜 뉴스에 대한 비판적 태도를 가짐으로써 이웃에게 피해를 주지 않고자 노력해야 합니다.

이와 함께 적극적 차원의 이웃 사랑이 구현되어야 합니다. 코로나 팬데믹 당시 대면 접촉 금지 조치로 인해 교회의 교제는 주로 온라인상에서 이뤄졌습니다. 팬데믹이 종식되었지만 대면 교제보다 비대면 교제가 더 선호되고 있습니다. 이와 유사하게 교회의 봉사도 디지털화되고 있습니다. 온라인 기부나 참여 등을 통해 실제 봉사를 대체하는 일이 늘어나고 있는 것입니다. 이러한 노력도 필요하고 중요하지만, 실제로 온기를 전하는 이웃 사랑의 실천이 함께 이뤄져야 합니다. 성육신하신 예수 그리스도께서 직접 사람들을 만나 가르침과 도움을 주셨던 것을 기억하며 대면 활동에 힘써야 합니다. 최근 기업 경영의 원리로 부각되고 있는 ESG 개념은 이 활동의 노선을 설정하는 데 도움을 줄 수 있습니다. 이 개념은 환경 보호Environment, 사회적 공헌Social, 민주적 구조Governance의 실현을 특징으로 삼고 있는데, 기업 경영을 넘어 목회 현장에도 적용될 수 있는 확장성을 가지고 있습니다.[7] 이 개념을 토대로 특히 지역사회와 환경을 위한 다채로운 봉사를 기획하고 추진할 필요가 있습니다. 이 노력은 인간과 환경이 하나님의 사랑과 위로를 경험하도록 돕게 될 것입니다.

나가면서

　AI의 발전은 인간의 삶을 윤택하게 만들어 줍니다. 그러나 동시에 노동의 기회를 위협하기도 합니다. 목회자 역시 정서적 위로와 안정을 제공하는 소셜 로봇에 의해 어려움을 겪게 될 가능성이 높습니다. 이러한 상황에서 기술 발전에 대응하는 목회 원칙과 윤리적 과제의 재정립이 필요합니다.

　목회자는 하나님의 부르심을 받았다는 점을 분명히 인식하고, 인간만이 가지고 있는 특성인 감정을 토대로 타자의 상황에 깊이 공감하며, 복음에 기초한 위로 사역에 힘써야 합니다. 특히 설교와 이웃 사랑을 통해 하나님의 사랑을 직간접적으로 느끼도록 하는 일에 진력해야 합니다. 설교를 준비할 때 AI가 아닌 하나님께 의존해야 한다는 기본 방향을 인식하고, 이 기술을 도구로 적절히 선용하는 자세가 필요합니다. 그리고 거짓 정보와 가짜 뉴스를 통해 위로가 필요한 사람에게 혼란을 주는 일을 피할 수 있도록 디지털 문해력을 갖추고, 디지털화되어가는 교회의 현실 속에서 ESG 개념에 입각한 지역사회와 환경을 위한 실제적 봉사에 힘써야 합니다. 이와 같은 목회 원칙과 윤리적 과제의 재정립, 그리고 그 실행이 적절하게 이루어질 때 AI 시대에 적합한 목회 사역이 구현될 것입니다.

3장

환대, 얽히고설킨

김희준

신기후체제 시대 속에서 인간과 비인간 피조물들의 얽히고설킨 연결을 읽는 작가다.
대중음악의 환대와 기독교 신학을 바탕으로 한 기독교 윤리에 대해 글을 써 왔고,
지난 한 해 동안은 기후 위기와 인공지능 속에서 우리 인간이,
특히 그리스도인들이 어떻게 연결된 삶을 살아갈 수 있을지에 대한 글을 써 왔다.

<환대, 얽히고설킨>은, "연결된", "열리고 닫힌", "모호
한", "사랑하는" 환대라는 네 가지 주제로 구성되어 있다.
이 글은 인간도 피조 세계의 구성원이기에, 역설적이지만
환대는 죽음의 냄새를 맡는 것과 비슷하다는 말을 하고
있다. 죽어가는 숙명을 운명으로 바꾸는, 살 떨리는 긴장
을 느낄 수는 없겠지만 생각은 해봐야 하는 오늘날의 삶
이 아닐까 하는 사유로 이끈다.

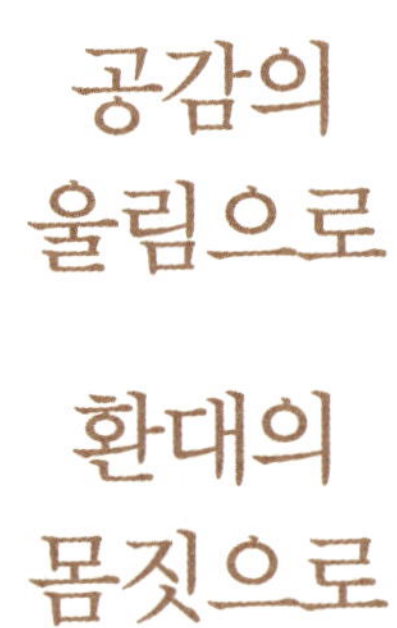
공감의
울림으로

환대의
몸짓으로
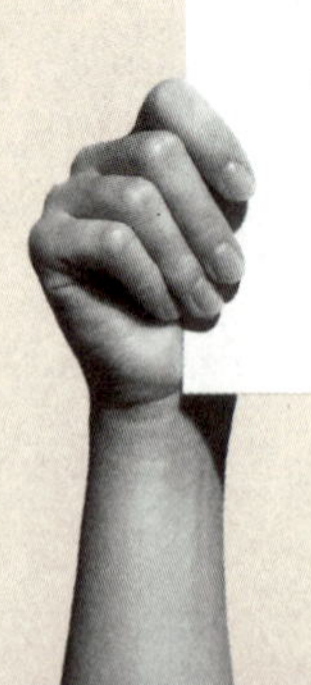
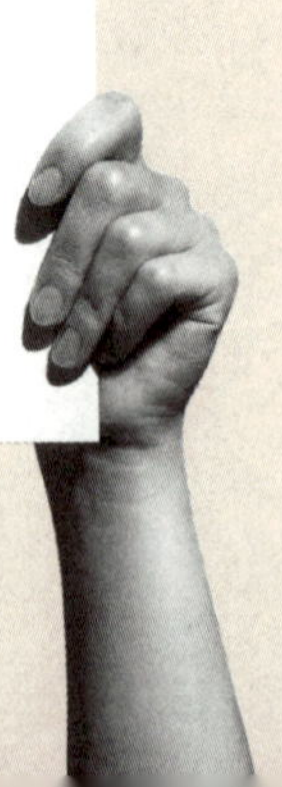

이야기를 시작하며

'정주하다'는 어떤 한 자리에 머무르는 것을 의미합니다. 인문학에서 자주 사용하는 비슷한 단어 중 '정초하다'는 말도 있습니다. 어떤 이론이나 사상의 기초를 세운다는 의미입니다. 모두 중요한 의미를 가지는 단어이지만, 사실 어쩌면 결코 멈추지 않는 생각과 경험의 의미를 잡아내지 못한 채 흘러가는 존재의 흐름에 대한 아쉬움과 토로가 담긴 변명과 탄식일 수도 있겠다는 생각을 해봅니다. 왜냐하면 무엇이든 진정으로 머무는 것은 없기 때문입니다. 바로 이러한 생각에서, 즉 "머무는 것은 없다"는 선언에서 시작하는 것도 비활성적 머묾을 의미하는 것 같지만, '있다'고 말하는 존재는 언제나 존재 '하는' 것이기에 다시 한번 움직임을 강조한다고 할 수 있습니다.

환대도 이와 비슷합니다. 환대는 흔히 누군가를 맞아들여 머물게 하는 것이라고 말합니다. 역설적이지만, 환대에 대한 속 깊은 이야기는 어쩌면 바로 이러한 '불가능한 머묾'에서 시작해야 하는지도 모릅니다. 머무는 것이 없다는 사실, 곧 모든 존재가 끊임없이 움직이고 흘러가며 생성되고 소멸하기를 반복한다는 사실이야말로 환대를 가능하게 하는 조건이기 때문입니다. 그래서 환대는 어렵습니다. 왜냐하면 환대는 관계에 관한 것, 특히 새로운 관계의 연결이기 때문입니다.

환대, 연결된

인간은 한 번도 인간 그대로였던 적이 없습니다. 우리 안에서 발생한다는 감정과 통찰은 발생부터 그 사라짐까지 어디에도 정주하거나 정초하지 않았고, 가만히 있지 않으며, 끊임없이 움직입니다. 발생부터 소멸까지. 아니 소멸이라고 부르는 것도 우리의 언어에 지나지 않습니다. 외부에 의해 발생한 것은 다시 다른 것으로 연결되고 전해지면서 다른 형태로 바뀔 뿐, 사라지지 않습니다. 언어와 비언어, 업적, 흔적, 잔여물, 육체의 죽음이 진행되어 어디엔가 묻히거나 뿌려지더라도 그것은 대지로, 땅으로 속하게 됩니다. 그러니 죽음의 경험 또는 죽음을 생명의 반대로만 치부할 수는 없습니다. 죽음은 언제나 우리 주변에 있고, 이미 우리의 삶에 우리가 의식하는 것보다 더 깊이, 어쩌면 본질에 가까운 곳에 있을지도 모릅니다. 흙 또는 땅처럼 말입니다. 하나님께서도 우리가 흙의 존재라고 말씀하시지 않습니까창3:19.

그렇습니다. 우리는 하나님이 흙으로 지으시고 그 코에 생기를 불어넣은 존재입니다. 어떤 철학자는 인간의 존재가 세상에 던져졌다고 표현합니다. 암흑의 텅 빈 공간 '속'으로 홀로 던져진 무형의 정체된 '존재', 스스로 '무'nihil-nothing로부터 자신이 정신적 존재라는 관념의 '창조'에 이른 존재라고 주장하지만, 그 존재도 여전히 숨도 쉬고 체온 조절도 해야 하며 공간에 따른 물리적 접촉도 거부할 수 없습니다. 다른 말로 하자면, 우리는 관계적 존재입니다.

땅으로 이어지는 것은 사라지는 것이 아닙니다. 땅은 하나의 거대한 유기체인 것 같지만 그렇지 않습니다. 땅은 땅으로서 하나로 불리지만 결코 하나가 아닙니다. 왜냐하면 그것에 작용하고 반응하는 피조물들이 모두 다르기 때문입니다. 땅은 '여기 이 동네'일 수도 있고, '우리 집 앞마당'일 수도 있습니다. 그 어디나 땅이 될 수 있지만, '모든 인류의 대지'라는 것은 없습니다. 모두 하나님이 지으신 피조물로서의 위치와 연결이 있을 뿐, 우리 인간이 이 땅의 주인이라는 이야기는 거짓입니다.

이로써 죽음은 더 이상 하나님의 생명에 대한 반대가 아니라, 그 쏘는 것이 더 이상 '있지' 않은 것으로서 새롭게 생명과 연결됩니다. 왜냐하면 예수님이 죽음을 이기셨기 때문입니다. 하나님의 아들이자 동시에 인간의 아들로서 이 '땅'에 오셔서 인간과 같은 썩어질, 하지만 하나님께서 보시기에 좋다고 하신 그 유기체의 몸이라는 형태를 취하셨습니다. 사망이라는 굴레를 씌우면 고통과 두려움으로 몸과 마음이 무너져 내릴 것이라고, 결국엔 죽음을 통해 사라질 것 같았지만, 십자가와 부활 사건은 그리스도의 몸과 영혼을 통해 인간이 새롭게 하늘의 길을 깨닫고 땅에 속하여 살아가는 생명의 길을 열게 되었습니다. 그렇게 그리스도 안에서 얻은 자유는 생명의 창조적인 존재로서—물론 그것은 우리의 힘으로 얻은 것이 아닙니다—우리 자신의 존재를 제한해 온 죄의 굴레와 관성들로부터 끊임없이 스스로를 그리스도와 함께 해방시키는 새로운 길들을 찾아 나서는 존재라는 의미가 된 것입니다. 그렇기 때문에 죽음은 모든 존재의 근원 깊은 곳에 있다고 할 수 있습니다. 이런 의미에서 죽음은 생명과, 죽음은 창조와 연결되어 있습니다. 그리고 다시 이런 의미에서 "한 알의 밀이 땅에 떨어져 죽지 아니하면 한 알 그대로 있고 죽으면 많은 열매를 맺느니라"요 12:24는 말씀이 물론 그리스도의 죽음과 희생과 부활의 생명을 가리키지만, 이러한 관계적 존재의 치밀함을 이야기한다는 것을 알 수 있습니다.

이 말씀을 다시 묵상한다면, 죽음은 새로운 생명을 낳는다고 주장하는 것이 이상한 말이 아님을 알 수 있습니다. 그리스도께서 죽으심으로 부활의 생명이 열린 것처럼 죽음은 닫힌 것을 여는 문입니다. 땅에 묻힌 씨앗이 새싹을 틔우듯, 자기를 내어주는 죽음은 생명의 근원이 됩니다. 환대란 바로 이러한 죽음의 원리를 살아내는 것입니다. 나의 안전과 편안함, 익숙한 것들을 내려놓고 낯선 이에게 문을 여는 일입니다. 누군가는 이런 종류의 일을 곧 자신의 죽음처럼, 죽기보다 싫은 일이라고 말할 수도 있습니다. 네, 그것은 작은 죽음입니다. 그러한 작고 큰 자아의 죽음에 관한 연속된 사건 속에서 그리스도의 생명이, 그 생명이 차지할 자리가 솟아납니다. 저는 그것을 관계 또는 연결의 생성이라고 부릅니다. 그 연결은 인간의 것, 인간의 능력으로 만들 수 있는 것이 아니라 성령의 일하심입니다. 창세기 1장에서 천지를 창조하실 때 수면 위를 운행하시던 바로 그 영입니다. 눈에 보이지 않는 관계는 우리의 어떠함과는 상관없이 여러 존재와 부지불식간에 연결되어 하나님의 선하신 방향으로 합력하여 선을 이루도록 이끄시는 하나님의 구원의 섭리입니다.

이처럼 환대는 연결에 관한 이야기입니다. 하지만 안타깝게도 오늘날 우리는 모든 연결이 끊어져만 가는 세상 속에서 살고 있습니다. 이야기가 끊어진, 아니 오직 하나의 지배적이고 압도적인 설득력과 보암직함을 바탕으로 한 그러한 이야기, 곧 정복과 발전, 성취와 성장, 효율과 결과, 경쟁과 능력의 이야기입니다. 많은 이야기인 것 같지만, 사실 이 모든 이야기는 하나의 이야기입니다. 바벨의 이야기. 하늘에 닿고자 하는 이야기. 모두를 모으되 줄을 세우고, 위아래를 나눠서 신과 같은 자들의 계급과 그렇지 않은 계급으로 사람을 나누는 측정과 판단의 이야기이자 존재의 존엄을 무시하고 자신들의 방식으로 옳고 그름을 정하는 신이 되고자 하는 이야기입니다. 이와 같은 지배적인 이야기는 더 이상 이야기가 아닙니다.

당신은 누구입니까? 당신은 연결된 존재, 곧 땅의 사람입니다. 언어적 개념 이전에 삶으로, 호흡으로, 늙어감과 썩어짐으로 연결된 당신과 나는 땅의 존재입니다. 예수님의 공생애는 짧았지만 너무나 강렬했고, 모든 것을 바꾼 우주적 사건이었습니다. 그러했기에 인류는 좋든 싫든, 믿든 믿지 않든 그 생애에 대해 들어왔고, 또 그것을 집중하여 살펴보고 탐구하며 해석해 왔습니다. 하지만, 제 관심이 가는 것은 그 이전의 30여 년의 긴 삶입니다. 물론 예수님의 어린 시절에 관한 이야기가 공관복음에 남아 있기는 하지만, 그것을 포함해서 흔히 말하는 공생애 이전의 시간이 궁금합니다. 그렇다고 이런저런 출처를 통해 전해져 오는 이야기들을 억지로 가지고 오려는 것은 아닙니다. 다만, 30여 년의 삶을 살면서 '목수의 아들', '나사렛의 예수'로 지내온 시간이 하나님의 아들이자 인간의 아들인 그분을 이룬 것일 테니, 그 가려진 시간과 이야기를 아주 없는 것처럼 여기는 순간 우리는 어느 사이엔가 또다시 지독하게도 이것저것과 셀 수 없이 많은 물질과 얽히고설킨 진짜 '나'의 이야기를 붙잡는 데 실패하고 있는 것인지도 모릅니다. 그리고 열정적인 신앙심이라 하더라도 영지주의적인 내적 확신만 붙들며 더 이상 이야기가 아닌 하나의 이분법적인 세상의 법칙과 그리 다르지 않은 삶을 살아가는 그런 신앙인이 될지도 모릅니다.

만일 그렇게 된다면, 복음은 좋은Good 공적인 소식News이 아니라 그저 내세에 대한 확신만 주는 주술적 종교적 관념과 다를게 무엇입니까. 복음은 공적으로 좋은 소식입니다. 그 어디에 살고 있는 누구에게나 좋은 소식입니다. 우리의 환대는 이러한 복음의 자유에서 시작할 수 있습니다. 물론 현실의 환대는 쉬울 리가 없습니다. 관계와 감정과 인연이 복잡하게 얽혀 있기 때문입니다. 한 가닥 한 가닥 모든 연결을 구분하고 분리해낼 수 있다면 좋겠지만, 그런 것이 가능할지, 또 필요할지 모르겠습니다. 그 모든 일들을 다 이룬다고 해도 여전히 현실에서의 환대는 어려울 것이 불을 보듯 뻔합니다.

환대, 열리고 닫힌

삶은 존재 자체로 의미를 갖는다고 합니다. 앞서 언급한 어떤 철학자는 바로 마르틴 하이데거Martin Heidegger입니다. 그는 우리의 실존이 이 세상 가운데 던져졌다고 말합니다. 멋지고 강렬한 표현이지만, 저는 궁금합니다. 도대체 어디에, 어디 '안에' 던져졌다는 말입니까? 그곳에 조명은 어떤가요? 이 글을 쓰는 12월처럼 춥습니까? 숨은 어떻게 쉬고 있습니까? 주변에는 벽이 있습니까? 나무가 있나요? 위대한 철학적 통찰의 가르침을 쉽게 거스를 수야 없겠지만, 이 힘찬 현존재Dasein, Da(거기)+Sein(있음)를 위한 표현이 적어도 서울의 북쪽 가장자리에서 태어나 그곳 '꽃동네'라고 불렸던 산동네에서, 다양한 위협 '안에'서 살이 터지고 때로는 진짜 피를 흘리며 두려움을 견뎌야 했던, 그리고 그 고통의 삶을 끝내지 않고 견뎌온 것에 대한 보상인지는 모르겠지만 다양한 흠모의 대상들과 그들의 이야기와 연결되어 온 삶을, '나의 이야기'들을 받아들이고 풀어내는 데 방해가 되기 때문입니다. 제 삶이, 그리고 당신이 누구이든지 간에 당신의 삶이 그 자체로 소중하고 진실하고 아름다운 것이라고 말하기 위해서라면, 예수님처럼 그가 보낸 나사렛의 그 흙마당, 진흙탕, 짐승의 오물과 흙먼지와 땀과 피가 얽히고설킨 그 동네의 이야기도 진짜라고 말해야만 합니다. 그곳 '안에'서, 누구였는지도 모를 '그들'과, 격정의 틈바구니를 가득 채웠던 대기atmosphere가 진지하게 다뤄져야 하는, 진정으로 '거기 있는 것들'이 중요한 것이라고 말하는 것입니다. 누구로부터 어떻게 파괴될 뻔했는지, 그런데 어떻게 구원받았는지, 무엇이 잘못되었는지, 그 모든 것들을 인정할 수 없다면, 내가 지키려고 했던 나의 이야기, 나의 사람들, 나의 사랑, 나의 생명, 그 무엇도 살아있다고 말할 수 없는, 이미 죽어버린 것인지도 모르기 때문입니다.

한때 누군가의 표적이 되었던 나는 그 이야기를 계속 말하고 다시 말하는 것이 '나'라는 존재, 그리고 혹시나 그 너머라고 말할 수 있을지 모를 생명 그 자체에 대한, 아주 불편하고 전혀 절대 익숙해지지 않을 '환대'입니다. 표적이 된다는 것은 결국 외부로부터 스스로를 닫아 외부를 수용하지 못하는 것입니다. 동시에 무언가에는, 누군가에는 열림이 되고, 결국 열림과 닫힘은 얽히게 되어, 아주 닫을 수도, 완전히 외부를 수용할 수도 없는 존재가 '나'입니다. 그 닫힘과 열림의 모순된 관계를 수용한 나 자신을 받아들이는 그 긴장을 가지고, 이제 저는 다른 존재들에 대한 환대와 연결합니다.

환대는, 주체가 객체를 대상으로 문을 열며, "나는 열려 있다"고 말하고 맞이함으로 표현하는 것입니다. 적어도 그것이 기존의 이해입니다. 동시에 이것은 "나는 이 문을 열 수 있는 힘이 있다", 또는 "나는 주인으로서 너를 맞이하고 이것을 제공한다"는 의미를 가지고 있습니다. 어쩌면 너무나 당연하고 자연스러운 것인지도 모릅니다. 무언가를 지불하고 제공할 수 있는 여력이 있는 쪽이 그렇지 못한 쪽을 돌보겠다는 방향성의 불가피성이 있고, 여기에는 생존이 맞물려 있기도 하고, 또 능력주의의 담론과도 연결되어 있습니다. 하지만 만일 객체가 주체의 여력을 벗어나게 된다면, 그때부터 문제가 생겨납니다. 그렇게 되면 주체는 이전의 주체가 아닌 다른 존재가 되어버립니다. 어느 순간이 지나면서 주체의 열림은 '열려짐'이 되겠지요. 수동적이고, 또 어쩌면 강제적일지 모르는 열림이 될 것입니다.

환대의 대상에게 열려 있는 것이 아니라 이제는 외부의 그 대상에 의해 열리게 되는 것은, 주체의 해체를 의미하며, 주체는 객체가 되고 더 나아가 표적이 되어버립니다. 이러한 변화는 주체-객체의 전환을 넘어서는 창조적 사건입니다. 미처 언어가, 이름이 포착하기도 전에 일어나버리는 표적으로의 사건은 주변의 환경들, 사물들과의 연결부터 다시 생각하게 합니다. 아니 생각하기 전에 이미 벌어졌습니다. 이제 내가 문을 연 '이곳'은 나의 집이 아닙니다. 아니 사라졌습니다. 다시 말하자면, 데리다가 말한 전통적인 환대에서는 여전히 '주인인 내가 나의 집을 여는 것'을 전제로 하지만, 진정으로 '열림'의 상태가 되기 위해서는 단지 '나를 연다'는 방식으로는 불가능할 것입니다. 제가 말하는 '열림'은 외부를 향해, 외부에 의해 표적이 되는 것을 통해서만이 가능하다는 것입니다. 언뜻 폭력적이고 급진적인 것 같지만, 이 또한 예수님께서 보이신 진정한 자기 내어줌의 환대이지 않았을까 생각해 봅니다.

우리의 자람과 삶을 생각해 본다면 더 확연합니다. 우리는 언어에 열려 있었을까요? 땅에 열려 있었습니까? 우리는 하나님에 의해 태어난, 우리는 언어와 땅에 의해 열리게 된 존재들입니다. 모든 것이 그렇습니다. 출발선은 내가 아니라 나의 바깥입니다. 전혀 새로운 방식이고, 그것이 오히려 사는 길인지도 모릅니다. 기존의 방식과 연결에 대해 죽고, 열려짐으로 인해 터지고 죽어 새로운 존재가 되어야 하는 것 말입니다. 예수님도 새롭고 산 길이 되시기 위해 먼저 죽어야 한다고 말씀하셨고, 그렇게 죽으셨습니다.

그 죽음 앞에서는 세상도 닫히고 언어도 말을 잃었습니다. 동시에 새로운 길이 열렸습니다. 그 창조로부터 새로운 언어가 난 것입니다. '언어'가 중요한 이유는, 그것이 진짜로 세상을 이루고 있는 유일한 실체이기 때문이 아닙니다. 저에게 언어는 여전히 중요합니다. 유명론이라는 철학이 말하는 것처럼 사물과 개체, 관념들에 대한 이름 붙이기는 여러 '의미'를 전달하기도 하고, 그것들이 모여 하나의 거대한 의미의 흐름을 이루는 '문화'라는 파도 또는 조류를 형성하기도 합니다. 그것을 부정하는 것은 아닙니다. 하지만 라캉, 소쉬르, 비트겐슈타인, 리쾨르 등의 철학자들이—물론 모두 저마다의 언어에 대한 관점, 방향, 철학적 지향점은 많이 다르지만—말하는 것처럼 언어가 세계와 인간의 경험을 형성하는 데 결정적인 역할을 한다는 주장에는 동의하기 힘듭니다. 왜냐하면 인간의 언어에 대한 집착처럼, 그 언어라는 도구 또는 상징을 통해서 세상을 인간의 이해 체계 안에 넣은 것은, 여전히, 앞서 나

넓던 바벨의 이야기라고 생각하기 때문입니다.

바벨에서 흩어진 인간들은 여전히 다른 '언어'를 사용하지만, 그 이야기는 바벨의 이야기와 다른 방향으로 향합니다. 그 방향에는 다른 '동네'가, '세상'이 있습니다. 그 장소의 주인은 인간이 아닙니다. 모든 것을 인간의 언어와 기호의 차원으로 환원할 수 없습니다. 그곳에서는, 그곳에 있는 존재들은 그들이 딛고 선 그 '땅'을 인정하고, 이 땅에 다른 개체들과 연결되어 있음을 인정하고 반응하며 삽니다. '언어'가 중요한 이유는 그것이 우리의 한계이기 때문입니다. 언어로 모든 것들을 표현할 수 없다는 것은 하루라는 시간이 지나가기 전에도 깨달을 수 있습니다. 그 깨달음의 에너지는 또 우리 각자를 여러 방향의 가능성으로 데리고 갈 수 있지만, 저는 우리가 이미 필멸적이고 제한되어 있는 존재로서, 이 세상 가운데에 받아들여졌음을 수긍하고 겸허해지는, 그러한 책임으로 우리를 인도한다고 생각합니다. 그리고 나는 그 책임을 환대의 책임이라고 말하고 싶습니다. 그래서 환대는 나의 현재에, 나를 포함한 모든 존재들에 대한 돌봄입니다. 그 돌봄이야말로 인간의 환대적인, 그렇기 때문에 지극히 공동체적인 정체성을 표현하는 모습입니다. 여기에는 인간 중심적인 언어만 있지 않고, 비언어적인 연결에 민감할 감수성이 필요합니다. 존재에는 한계를 함부로 적용할 수 없기 때문입니다. 모든 것에 대한 언어로의 환원은 얼마나 이기적이고 잔인한지 모릅니다.

물론 존재하는 것은 저마다 정해진 필멸적 한계가 있습니다.

죽음이라는. 탄생부터 그 중심에 가지고 있는 모두의 공통된 뿌리. 죽음. 그것은 아름다움의 근원과 가깝게 연결되어 있습니다. 죽음은 생명의 반대나 생명의 공백이 아닙니다. 죽음으로 아름다움이라는 유한은 꽃피고, 그것은 너무나 강렬해서 현실의 규범이 정해 놓은 도덕률을 뛰어넘습니다. 실존의 아름다움 그 자체가 가장 선한 것일 수도 있지 않을까, 하는 사유는 거기서 비롯합니다.

그러나 여기에는 한 가지 더 말해야 할 것이 있는데, 그것은 다른 존재입니다. 존재만 이야기하다 보면 우리는 이 땅을 밟고 서 있을 때, 즉 가장 귀한 생명의 시간을 놓칠 때가 있습니다. 땅을 밟고, 숨을 쉬고, 기온을 느끼며, 사유할 때입니다. 하지만 주의하지 않으면 인간은 존재와 비존재, 무에서의 창조 같은 것들에만 빠져버리게 됩니다. 물론 그런 사유도 나름대로 의미가 있지만, 자칫 현실에, 땅에 살을 대고서 살고 있는 것을 잊게 될 때가 많습니다. 환대를 포함한 존재의 사유와 삶은 거기서부터 시작해야 합니다. '땅에 있구나.' 거기로부터 말입니다. '이 세상에 내던져진 게 아니구나', 또는 '나는 살아있구나. 누군가는 나를 미워하지만, 그럼에도 또 누군가는 나를 살아있게 했구나'라는 열려져 버린 것에 대한, 받아들여진 것에 대한 감사와 겸허함에서 말입니다. 그래서 우리는, 실존의 아름다움과 선함을 말하기 위해선, '서로' 또는 '다른 존재'도 말해야 합니다. 그런데 다른 존재를 말한다는 것은 무질서를 바탕으로 할 수밖에 없습니다. 나도, 나 아닌 존재도, 각각의 존재가 자유롭기 때문입니다. 그 사이에는 모호함이 있습니다.

환대, 모호한 우리

모호함은 안개처럼 우리의 감정을 휩싸고 돕니다. 그리고 가득 채웁니다. 그것은 이야기로, 시대정신으로 과거를 아우르는 보존을 지니고 있습니다. 그것이야말로 관계라고 하는 것을 넘는 모든 연결 속에 존재하는 다양함이 만들어내는 힘일 것입니다. 그것은 우리가 에너지라고 부르는 것—탈레스는 물이라고, 헤라클레이토스는 불이라고 부른 만물의 근원의 정체—이 담고 있는 신성함일 것입니다. 성령의 운행함. 그런 점에서 우리는 결코 성령을 거스를 수도 없고, 막을 수도, 이길 수도, 앞서갈 수도 없습니다. 대지를 가득 채우고 우리의 호흡 깊은 곳과 죽음의 얕은 곳, 그것이 사라지고 다른 에너지로 바뀌는 거기까지도 있는 하나님이기 때문입니다.

모호함이 초청하는 것은 '다가감'입니다. 그러나 우리는 많은 경우 모호함을 견디지 못합니다. 알 수 없는 것, 규정할 수 없는 것 앞에서 우리는 불안해하고, 그 불안을 없애기 위해 서둘러 확실한 메시지들과 질서를 붙잡습니다. 하지만 다가감 없는 질서 만들기는 폭력이 되고, 두려움을 상상하며, 다른 존재의 자유를 침범합니다. 사실 오늘날 시민사회에서 말하는 자유는, 누구나 마음껏 자신의 삶을, 자신이 하고 싶은 것을 할 자유라기보다는 자신이 존엄한 삶을 이어갈 일용할 양식, 하루의 빵, 가족들의 생계를 위한 무언가를 받을 권리입니다. 그러나 그 권리마저 위태로운 세상에서 우리의 삶은 존재의 연속이기보다는 불연속에 가깝습니다. 일상에서 존재를 성찰하며 사는 사람은 그리 많지 않으니까요. 그리고 그런 일상에서 우리는 보존과 창조보다는 소모와 파괴가 더 일상적입니다. 자본주의, 소비주의 사회에서는 그것이 생존의 윤리, 적자생존의 이야기이기 때문입니다. 거기엔 어떤 종류의 자유든 헤엄칠 수 있는 모호함도 없습니다. 명확해져 간다고 미디어들은 말합니다. 그러나 기술이 발전할수록 삶은 확실해지기는커녕 더 불안해져 갑니다. 개인과 개인, 개인과 공동체의 연결은 이미 끊어진 지 오래입니다. 남아 있는 공동체라고는 가족과 국가뿐입니다. 학교는 지혜를 배우는 곳이 아니라 돈 많이 버는 직업을 갖기 위해 거쳐야 하는 자본주의 시장 논리에 적극적으로 따르는 제도의 일부분이 되었습니다. 선생님과 제자는 간데없고 서로가 서로에게 고소당하지 않기 위해 눈치 게임을 하는 곳이 되었습니다. 성경에서는 하나님을 두려워하라고 했는데, 우리는 이제 하나님이 아니라 서로를 두려워하고 있습니다.

그렇게 우리는 매일 우리 자신에게 생채기를 내며 살아남기에만 전전긍긍하고 있습니다. 그러나 우리는 여전히 갈망하고 있습니다. 실수와 실패, 무언가 뜻대로 되어가지 않는 것이, 관계의 공간을 채우는 모호함이 증오와 두려움이 아니라 '괜찮아'라고 하는 따뜻한 위로로 채워지길 원합니다. 한강 작가의 『소년이 온다』에서 광주의 살해당한 이들의 혼이 느끼던 그 따뜻함처럼—시신들 사이에서 서로가 누군지도 알 수 없고, 어떤 생각을 주고받을 방법도, 언어도 몰랐지만—혼들은 서로를 가까이 끌어안음으로 자신과 다른 존재들을 위로했습니다. 마지막까지 기척과 고통을 나누며 함께 있었습니다. 그저 아무 말 없이 옆에 있어 주는 것만으로도 힘이 되는 것, 그 인정과 안정의 빛이 서로에게 비춰지기를 우리는 갈망합니다.

누군가 실패라고 손가락질해도, 다른 누군가는—그조차도 세상이 두려워 감히 언어로는 발설하지 못하더라도, 또는 그 언어조차 약탈당했더라도—따스함으로 바라봐주거나, 웃어주거나, 아니면 뒤돌아 있더라도 마음을 보내주는 것으로라도 응원해 주기를. 자유가, 아름다움이, 그 선함이 서려 있는 모호함을 더 채워주기를 바라고 있습니다. 여전히 모든 말로 설명할 수 있는 것은 아닙니다. 설명할 수 없는 회색지대가 있고, 환대 또한 그렇습니다. 우리는 그것을 삶의 모호함이라고 부를 수 있습니다. 모호함은 감히 확신할 수 없는 우리의 연약함을 보여줍니다. 그 두려움과 떨림이 있는데, 그것을 나쁜 것이라 하고 거부하면 우리는 무언가 확신에 찬 약속이나 판단이 필요해집니다. 정치적인 선동이나 특정 집단의 사람들을 없애거나 규율하거나 다스려야 하는 대상으로 정하는 '희생양'의 제의를 시작하게 됩니다. 잘못된 방법으로 두려움과 떨림을 다스리며 내적인 확신을 개인의 마음 안에 두면서 우리는 개인의 영적인 내재화를 이루게 되고, 그것을 종종 개인의 영성이라는 말로 포장하기도 하지만, 확신에 찬 선포와 성명들에, 혐오적 발언들에, 공격적 언사들에 박수와 지지를 보내게 됩니다.

환대는 이 확신의 유혹을 거부하는 것입니다. 모호함 안에, 설령 그로써 두려움과 떨림이 있을지라도 머무르는 용기, 다 알지 못한 채로 다가가는 용기, 규정하지 않고 만나는 용기, 그것이 환대의 시작일지도 모릅니다.

한국 사람들이 가장 많이 사용하는 단어는 단연, '우리'일 것입니다. 의도와는 상관없이 그것은 공동체의 그늘을 드리웁니다. 그만큼 한국인의 정체성과 의식에 깊이 자리 잡고 있는 것일까요? 당연히 공동체는 거대한 하나의 덩어리가 아닙니다. 여러 다양한 개인들이 저마다의 삶을 살아가고 있습니다. 그리고 각자의 이야기가 있습니다. 아주 많은 이야기가 있고, 그 이야기들이 여러 타래의 실처럼 얽히고설켜 촘촘한 연결의 망을 만들어 갑니다. 이 연결망은 금새 사라지기도 하고, 다시 다른 곳에서 생성되기도 합니다. 그리고 어느 시점에 존재하는 하나의 작거나 큰 공동체가 되고, 이러한 공동체들이 모여 좀 더 큰 단위, 또는 또 다른 연결의 공동체들을 만들어냅니다. 눈치채셨겠지만, 이것이 공동체라면, 완성과 미완성을 논하는 것이 크게 의미 있지는 않습니다. 눈에 보이느냐, 그렇지 않느냐를 논하는 것 또한 그렇습니다. 긴밀함과 느슨함, 열심과 쉼, 다른 가치들과 행동들, 움직임들이 공존할 수 있다는 사실에 대한 암묵적 동의가 편만하게 있습니다. 공동체라는 말 자체가 개인들의 완전한 참여와 집단적 동원을 의미하지 않습니다. 우리는 그것을 전체주의 사회라고 부릅니다.

공동체는 집단적인 총합에 완전히 이를 수 없는, 때로는 반대하는 많은 개인이 있다는 사실을 포함합니다. 그래서 '우리'라는 말이 차별과 혐오를 위해 있지 않고, '우리' 안에 '다름'이 있을 수 있다는 이해가 밑바탕이 되어 있습니다. '우리'는 '다름의 공동체'입니다. 그것이 환대 공동체의 특징입니다. 이것은 마치 예술 작품과도 같습니다. 예술을 발전시키고 확대하는 것은 같음이 아니라 다름입니다. 천편일률적인 것을 우리는 '획일'이라고 부릅니다. '나'라고 하는 사람의 몸의 구성도 시시때때로 변해가는 것처럼, 그리고 나이가 들어감에 따른 이전과는 '다름'과 '변화'를 받아들여야 하는 것처럼, 공동체도 그러하다는 것을 자명하게 알 수 있습니다. '우리' 안에 낯선 이야기, 그런 공동체, 개인들이 있다는 것은 '우리'가 가지고 있는 특정하고 영원할 것만 같아 보이는 공동체적 **때론 민족적** 정체성 또한 영구적이지 않고 일시적일 뿐이라는 것을 사유해 볼 필요가 있습니다. 전통과 공동체의 진정한 재미는 무엇보다도 그 다름의 차이가, 그 낯선 연결이 만들어내는 역동성에 있으며, 또한 그것을 허용하는 환대에 있기 때문입니다.

물론 근대 시민사회에서 다름을 받아들이는 자세는 그것을 허용하는 관용에 강조가 있었습니다. 그래서 그것을 근대적인 환대의 의미로 이해했습니다. 그러나 관용은 힘 있는 자가 힘없는 자에게 베푸는 시혜, 즉 은혜를 베푸는 행위로서, 그 자체로 주체와 객체, 주인과 손님, 힘 있는 자와, 힘없는 자를 나누는 행위입니다. 그것을 진정한 의미의 환대라고 볼 수 있을지 모르겠습니다. 적어도 오늘날에 말입니다. 이러한 관점에서 환대라는 행위는 행위성이라는 것을 기준으로 주체와 객체, 환대를 베푸는 주인과 그것을 받는 대상으로 나뉩니다. 내 집의 문을 손님에게 열어서 그를 환대하며 맞아들일 여력과 힘은, 그리고 그것을 행할 의지, 의도 또한 나에게 있는 것입니다. 정말 그럴까요?

앞서 나눈 것처럼, 개인과 공동체의 정체성은 가만히 머물러 있지 않고 끊임없이, 끈질기게 움직입니다. 사람은 무에서 유를 창조하지 않습니다. 아니 그렇게 못합니다. 그 어떤 것이나 해 아래 새것은 없습니다. 예술 작품조차도 그것이 보여주는 혁신과 진보는 아무것도 없는 진공상태에서 창조되는 것이 아니라, 여러 이야기와 상징의 연결, 재조합, 결합 등을 통해 만들어집니다. 환대도 마찬가지입니다. 내가 내어주는 자리, 그것은 애초에 '나의 것'으로부터 시작된 것이 아닙니다. 나 또한 이 세상에 의해 받아들여지고 열려진 존재입니다. 환대는 주고 베푸는 것이 아니라 연결이고 통로입니다. 나는 열려진 존재입니다. 나의 오래된 존재는 거대한 외부에 의해 열리다 못해 금이 가고 깨져버렸고, 이제 나는 그리스도 안에서 가장 급하고 거대하게 열려 버린 환대입니다.

환대, 사랑하는

여러분은 누구입니까? 어떤 삶을 살고 있습니까? 살아가는 삶을 사랑하시겠지요. 하지만 또 많은 사람들은 "내가 죽지 못해 산다"고 푸념하거나 원망 섞인 말들을 하기도 합니다. '삶을 향한 사랑'이라는 주제는 니체의 '아모르 파티Amor Fati'를 생각하게 합니다. 이 말은 본래 '숙명에 대한 사랑'을 의미하는 라틴어입니다. 니체의 『비극의 탄생Die Geburt der Tragödie』 3부에서 언급되고, 나중에 『즐거운 지식Die fröhliche Wissenschaft』에서 '같은 것의 영원한 반복'이라고 하는 생각으로 발전되는 개념입니다. '영원회귀'로 알려진 이 개념은 니체 자신이 '인간의 위대함에 대한 공식'이라고 부른 것이기도 합니다. 인생의 크고 작은 일들이 반복된다는 생각이 기본을 이루고 있는 이 개념은, 인간의 삶은 여러 번 태어난다고 해도 계속 같은 삶을 반복할 뿐이라는 말처럼 인생의 허무를 말하는 것 같지만, 사실은 인간의 자유로운 영혼에 대한 설명입니다. 모든 가능한 생각들과 행동들, 현실들을 받아들이고, 절망이 아니라 창조적인 내일로 나아가야 한다는, 삶을 향한 강한 의지를 가져야 한다는 '영웅적인 인간'초인, Übermensch, 영어로는 Super-human 또는 Overman으로 번역됨이 되어야 한다는 말입니다. 오해하지 말아야 할 것은, 니체가 말하는 '슈퍼 인간'은 오늘날 사람들이 헐리우드 영화에서 보는 슈퍼맨 같은 히어로와는 거리가 먼 존재입니다. 이 초인은 외부의 영향을 받을 수밖에 없는 인간의 환경에서, 동시에 존재의 심연까지 닿을 수 있는, 그리하여 현재의 억압과 좌절의 상황을 존재의 의지로 초월하는 인간의 자유를 묵상하고 그것을 살아내는 사람을 말합니다. 이것이 바로 삶을 향한 사랑, '아모르 파티'입니다.

　살아간다는 것은 삶의 여러 현상을 사랑한다는 것을 의미합니다. 힘든 일들을 피하거나 심지어는 견디는 것만으로는 충분하지 않습니다. 그것을 사랑하는 것입니다. 여기엔 삶과 죽음이라는 명백하고 강력한 긴장의 연결이 존재합니다. 그리고 세상의 만물이 존재합니다. 기후와 동물들, 생태적 존재들, 여기에 과연 인간의 어떤 의지가 끼어들 수 있을 것인가? 이것이 니체의 질문이었습니다. 이것을 음악으로 비유해서 설명하자면, 음들은 이미 정해져 있습니다. 소리는 이름을 붙이기 이전에 이미 이 세상에 파동으로 있어 왔습니다. 이 음들을 어떻게 배열할지, 어떤 느낌으로 이해하고 풀어낼지, 어떻게 어디서 멈출지는 개인의 자유입니다. 그러나 음에서는 벗어날 수 없습니다. 몇 번을 다시 연주하더라도 음은 계속 반복됩니다. 그러나 이 음 안에서, 악보 안에서 인간은 이미 정해져 있다고 하는 숙명fate을 운명destiny으로 바꿀 수 있습니다. 구속과 제한을 받아들이고, 죽음을 부정하는 것이 아니라 받아들이는 것입니다. 죽음을 죽음이 아닌 척할 수 없기 때문입니다. 창조적인 삶을 향해 주어진 모든 것들을 긍정하고 끌어안아 사랑하는 길뿐이라는 것입니다. 그것이 바로 비극에 대한 초인적 결론입니다. 그래서 비극적인 개인을 움직이고 생동케 하는 것은 죽는다는, 죽을 것만 같은 현실이 아니라, 그렇기 때문에 살아야 하고 더 적극적이고 자유롭게 매 순간을 살겠다는 결정입니다.

니체의 방식으로 질문하자면, '천 번을 다시 태어나도 당신은 지금과 같은 삶을 살고 이 자리에 있을 것입니까?' 아마 어떤 후회를 남기고 싶은 사람은 없을 겁니다. 지나간 삶은 되돌릴 수 없으니까요. 그런 마음으로 삶을 살기를 촉구하는 것입니다. 그 결정을 내린다고 해도, 반드시 언젠가 비극과 절망의 일들은 일어 날 수 있고, 결국 일어날 것이라는 사실입니다. 그렇다고 해도 여 전히 '나'는 이 삶을 사랑할 것이고, 그러기 위해 삶의 의지를 마 음껏 발휘하여 내 삶을 사랑할 것입니다. 루터교회 목회자의 아들 로 태어나 고전 철학을 공부한, 자신을 인간이 아닌 '다이너마이 트'라고 부른 니체에게 있어서 인간의 삶은 현실과 떨어져 있는 초월적 목적을 위해 살아야만 하는 것이 아니라 인간이 경험하는 시간과 죽음까지 모두 긍정하면서 끌어안아야 할, 그렇게 모든 것 들을 향해 의지를 발휘함으로, 사랑함으로써 끌어안아야 할 것이 었습니다. 결국 누구나 인생의 끝을 맞이하겠지만, 그 두려움이 자신의 생을 멈추게 하는 것을 허락하지 않는 것입니다. 죽음까지 도 멈출 수 없는, 삶을 향한 의지를 발휘하는 중에 생을 마감하는 것이 니체가 말한 자유의 순간이었을 겁니다. 그래서 니체의 철학 은 수많은 사람들에게 삶을 향한 의지를 불태우게 할 만큼 강력 한 도전과 영감을 주기도 하지만, 동시에 질문들을 가져오기도 합 니다.

우리는 구체적으로 무엇을 향해 의지를 발휘하기를 원할까 요? 쉽게 말하자면, 무엇을 원하느냐입니다. 오래전 보았던 영화 <굿 윌 헌팅Good Will Hunting>이란 영화가 생각납니다. 학대를 받으며 자란 윌 헌팅은 마음을 닫고 천재적인 지적 능력으로 자신을 방 어하는 데 사용하며 살아갑니다. 여기서 이 영화 이야기를 다 할 수는 없지만, 극 중 윌은 정신과 상담을 받기 위해 심리치료사이자 대학교수인 션 맥과이어를 만납니다. 수많은 어려운 질문에 막힘없이 답해온 윌이었지만, 단 하나의 질문에 막히고 맙니다. 물론 "목동이 되겠다"는 농담으로 피해가지만, 결국 진심으로 압박하는 션에게 제대로 된 답을 못합니다. 사람들은 무언가에 대해 지속적인 부족을 경험하면 결핍의 상태에 이르게 됩니다. 이 결핍을 구체적으로 설명하기란 쉽지 않지만, 앞서 소개한 윌의 경우를 보자면, 제대로 된 돌봄을 받아본 적이 없기 때문에, 분명히 무언가를, 진실한 관계를 원하면서도 그것이 무엇인지 제대로 발견하지 못한 채 계속 겉돌기만 하거나 회피합니다. 그런 윌을 '열리도록' 그의 수용력을 넘어서는 공감의 압박으로 열어젖힌 것은 션이었습니다. 그러나 폭력적이지 않고, 오히려 위험을 감수하며, 서로가 깨어지도록 모호함을 가지고 다가간 돌봄의 용기였습니다. 이것은 환대의 경험과 비슷합니다.

우리는 환대에 대한 결핍, 존재의 상실, 그리고 경계선적 삶에서 경험하는 생명 그 자체로서 존엄할 권리를 존중받지 못하는, 그야말로 존재론적, 환대적 결핍을 경험하며 살고 있습니다. 그리고 이러한 결핍은 자기 자신을 포함한 사람들이 살아가는 이야기에 대한 결핍과 크게 다르지 않아 보입니다. 환대만이 아니라 여러 가지 좋은 의미의 단어들이나 개념들이 있지만, 결국 이러한 언어적 표현도 이 땅에서 오늘을 살아가는 한 사람, 여러 사람을 위한 도구에 지나지 않는데, 우리는 개인의 이야기들을 천천히 생각하기보다는 소셜미디어들을 통해 소비하고 관조하고 평가하고 그런 방식으로 욕망하는 단절의 시대를 살고 있습니다. 우리는 오늘날 폭력을 배제하고 위험을 감수하며 사랑으로 다가가는 방법을 모르는 세상을 살고 있습니다.

우리는 이야기에 목말라 있습니다. 관계가, 연결이 끊어졌기 때문입니다. 성공한 이야기들은 많이 있습니다. 어렵게 살았지만 성공한 이야기들도 있습니다. 모두 '성공'의 이야기만 합니다. 성공의 이야기야말로 자본주의 사회의 지배적인 이야기, 우세하게 칭송받는 이야기일 겁니다. 소비하기 위해 이야기를 갈망하는 것이 아닐 텐데, 우리는 이야기를 찾아 헤매다가 하나둘 만나고 소비하고 또 지나쳐버립니다. 한 이야기. 우리가 소비해도, 우리가 욕망해도 닳아 없어지지 않는 이야기. 언제든지 다시 찾아오면 그때마다 다른 모습으로 나에게 다가오는 이야기. 그것이 우리를 살게 합니다. 왜냐하면 인간은 이야기적인 존재이기 때문입니다. 이야기에는 사람을 살게 하는 힘이 있습니다. 그것은 개인의 꿈 또는 욕망을 드러내는 것만은 아닙니다. 여러 성공 이야기가 잠깐 동안 동경의 대상이 되어 동기부여를 주기도 하지만, 사실 우리는 그보다 더 큰 이야기가 필요합니다.

이야기의 본질적인 영향력은, 한 존재가 이야기에 참여할 수 있는 공간을 제공받기도 하고 또 줄 수도 있다는 데 있습니다. 바로 이점이 앞에서 말한 것처럼 환대가 중요한 이유입니다. 더 구체적으로는 연결의 환대, 열려짐의 환대 말입니다. 인간에 관한 성찰인 실존에 대한 생각은 결국 그 사람의 이야기뿐만 아니라 그의 바깥에 떨어져 존재하는 다른 사람과 다른 존재들의 이야기로 이끌려지고, 이어지며, 여러 모양으로 관계를 맺게 됩니다. 외부의 낯선 존재를 환영하고 손을 내밈으로써, '나'도 '나 아닌 존재'도 모두 전혀 새로운 이야기에 참여할 수 있는 기회를 만들게 되는 것입니다. 이것으로 내가 아닌 존재는 나의 이야기의 일부가 될 뿐만 아니라 나 또한 다른 존재의 이야기의 일부가 되고, 또 다른 연결로 나아갑니다. 이야기에 관한 이런 열린 방식의 참여는 다양한 방식으로 저마다의 이야기를 말하고 듣고 해석할 수 있는 권리로 이동합니다. 다양한 이야기 안에서 우리는 삶이라는 공동의 시간 속에 켜켜이 쌓여 있는, 또는 얽히고설켜 있는, 또는 아련하지만 깊이, 또 고요히 서려 있는 생명의 자취들을 발견합니다. 그것은 절망에 관한 이야기가 아니고, 열림과 연대의 이야기입니다. 이러한 느슨하면서도 급한 확장력 때문에 이야기는 언제나 사람들을 매료시킵니다. 개인과 공동체의 역동적인 연결이 다방면으로 얽혀 있고, 정보를 넘어서는 삶의 '공유'가 담겨 있습니다. 이것이 환대를 위한 연결, 연결의 환대로서의 연대의 실천과 그 진행 방향, 행동양식입니다.

이렇게 연결된 존재에 대한 이해에서는, 우월함과 열등함을 나누는 무언가가 기준이 되지 않습니다. 믿을 수 있기 때문에 신뢰하는 것이 아니라, 이미 연결된 존재임을 인정하기 때문에 받아들이는 것입니다. 내가 올라서기 위해, 안전하기 위해, 성공하기 위해 이 행동들을 하는 것이 아니라, 내가 생명이기 때문에 생명에 근원을 둔 생명으로서 생명을 원하기 때문입니다.

이야기를 마치며

이 이야기 어딘가에서 이제 이 글을 마무리하려 합니다. 존재들과의 연결을 말하며 저는 행위성을 아직 말하지 않았습니다. 전통적이든 현대적이든, 이 행위성은 행위의 주체성을 이해하는 데 있어 중요한 개념으로 자리해 왔습니다. 그러나 몇 문단 정도가 되겠지만 저는 조금 다른 이야기, 이 행위성의 담론을 소유한 기존 담론의 해체와 동시에 재구성을 생각해 보았습니다. 그것은 다름 아닌 인간과 비인간 존재를 넘어 인간과 비인간 행위자들의 새로운 연결과 관계에 대해 말하고 싶기 때문입니다. 그리고 이것은 굉장히 신학적이고 거룩하며 속된 이해일 것입니다. 우리는 모두에게 연결되어 있을 뿐 아니라, 모든 것에 연결되어 있습니다. 스마트폰 하나로 지구를 넘어 우주의 일들을 알게 되는 초연결 사회의 일부가 되었습니다. 하지만 제가 의미하는 것은 굉장히 지역적이고, 땅적이며, 인간적이기도 하면서 물질적입니다. 앞에서 말씀드린 예들처럼, 저는 심지어 '세상에 던져진 존재'를 떠올릴 때, 관념적인 과정임에도 불구하고, 존재의 형상이나 어떤 장소, 배경, 채도 등을 빼놓고 생각할 수 없습니다. 제 한계일 수도 있겠지만, 사실, 호흡과 기온과 (극도의 영혼과 같은 가벼움이라 할지라도) 무게나 촉감을 제거하고 존재를 말할 수 있을지 의심이 됩니다. 그만큼 인간은 물질적인 존재입니다. 책을 넘기다가 종이에 손을 베이면 아프고, 기분도 끔찍이 나빠지기 때문입니다.

프랑스의 과학철학자이자 사회학자인 브뤼노 라투르Bruno Latour는 인간과 비인간이 상호 긴밀히 연결되어 있음을 보이며 행위성에 대한 기존의 이해에 대해 다시 생각해봐야 한다고 말했습니다. 이것은 사물이나 자연에 있는 나무에게 인간과 같은 방식이나 형태의 의식이나 의지가 있다고 생각하자는 것이 아닙니다. 이 세상 가운데로 한정해서 존재로서의 공통점을 살피고 그에 따라 연결된 망을 이해하자는 취지에서 한 말인데, 특히 물질들이 무게와 질량을 가지고 지구에서 나름의 속도를 가지고 있다는 점에 아이디어를 얻었습니다. 예를 들어 톨스토이의 소설 『전쟁과 평화』에서 쿠투조프 장군을 움직이는 힘은 그 개인의 의지나 태도가 아니었습니다. 그의 판단, 명령, 행동은 병사들의 움직임, 날씨, 지형, 그 밖의 우연의 연속이라는 복잡한 힘들의 벡터vector가 교차하는 지점에서 만들어진 것이었습니다. 개인의 심리나 의지가 행동을 결정하는 유일한 요소가 아니라, 다양한 존재자들 사이의 긴장장력, tension과 방향성의 교차였던 것이지요. 강, 바람, 먼지, 기후와 같은 것들도 모두 특정한 방향성과 크기, 즉 기능과 목표다다르는 장소를 지닌 벡터로 작동합니다. 한강과 같은 커다란 강은 흘러가는 물이자 자체적인 힘과 경로를 갖고 움직이며, 그뿐만이 아니라 인간의 인프라와 정치적 논쟁들과 얽혀 사실은 인간의 모든 논의와 힘을 끌어당기는, 새로운 행위성을 만들어내는 것입니다. 그러니 물질적 존재들을 비활성적이라고 대상화하는 것보다는, 여기에 더하여 이들도 자신만의 작동 방식으로 세계를 변화시키는 행위성을 지니고 있다고 할 수 있지 않을까요?

조금 더 확대해서 말하자면, 행위성을 발견하기 위해서는 존재자의 '태도'가 아니라 '긴장_{장력}을 발생시키는 연결과 벡터'의 조합, 그리고 행위를 살펴봄으로써 알게 되는 물질의 '속성'입니다. 인간도 이 사물의 벡터들의 흐름 속에서 형성되는 하나의 행위자에 불과합니다. 인간은 세상에서 떨어져 나와 자연과는 상관없이 살아가는 존재가 아니라, 수많은 비인간 존재들과 함께 작용을 주고받으며 반응하는 피조세계의 구성원이라는 것입니다. 그래서 존재란 '무엇'으로 정의되는 것이기보다는, 그것도 중요하지만, '어떻게 행동하는가?' 하는 행위의 방식에서 드러나는 것으로 이해할 수 있습니다.

그렇다면 이제 존재는 기능과 벡터, 관계와 반응을 통해서, 그 안에서 의미를 갖는 것입니다. 그래서 존재하는 것은 모두 의미가 있는 것이고, 그래서 소중합니다. 이 관점에서 세계는 주체와 객체의 분리라고 하는 근대적 이원론과 인간중심주의를 내려놓고 주변에 대해 다시 생각할 기회를 얻게 됩니다. 세상 또한 '나'만이 주체로서 중심이 되고 다른 존재들은 '대상'으로서 정지된 정물화 속 객체가 되는 것이 아니라, 수많은 행위자가 끊임없이 서로를 환대하며 변형시키는 역동적인 곳으로 변하게 됩니다. 내가 생각하는 환대는 이런 것입니다.

4장

환대를 향한 첫걸음

: 합당한 종교로서의 기독교

목광수

서울시립대학교 철학과 교수로 윤리학과 정치철학 관련 연구를 하며 윤리학을 가르치고 있다.
관심 분야는 정의론, 인공지능과 빅데이터 윤리, 생명의료 윤리다.
저서로는 『정의론과 대화하기』, 『인공지능 개발자 윤리』, 『루치아노 플로리디, 정보 윤리학』이 있다.

이 글은 한국의 기독교가 타자를 배제하고 혐오하는 한
국 사회를 높은 수준의 가치인 '환대'하는 사회로 이끌
기 위해서는, 바로 환대를 추구하기보다는 정치철학적
차원에서 먼저 '합당성'을 갖춘 종교가 되어야 한다고
주장한다. 합당한 종교가 된다는 의미는 정치 영역에서
다른 사회 구성원들을 협력의 동반자로 존중한다는 의
미이며, 이를 위해서는 비폭력적인 불관용자에게까지도
'관용'을 실천해야 한다.

공감의
울림으로

환대의
몸짓으로

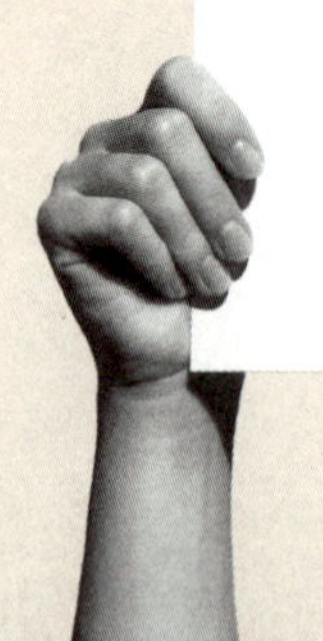
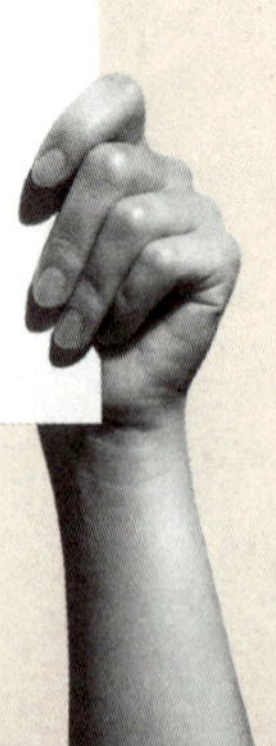

환대에 대한 인상: 감격과 공허함

타자와의 윤리적 관계를 표현하는 다양한 언어들 가운데 '환대'hospitality라는 단어는 듣는 이들에게 가슴 벅찬 감격을 줍니다. 낯선 타자의 신원을 확인하지도 않고 반갑게 맞아 자신의 자리를 내어주며 환영하는 모습은 상상하는 것만으로도 감동스럽습니다. 그런데 환대라는 이 말은 동시에 공허함과 무기력함을 일으키기도 합니다. 그러한 '환대'를 현실에서 경험하기가 쉽지 않기 때문입니다. 더욱이 내가 그러한 환대를 해야 한다고 생각하면 부담스럽기만 합니다.

사회의 분열과 갈등을 심화되는 현대 사회에서 환대에 대한 요청은 더 많아지고 있습니다. 하지만, 환대와 거리가 먼 분위기, 곧 타자를 배제하고 적대시하는 분위기가 더욱 팽배해지고 있는 게 현실입니다. 외국인에 대한 혐오가 거리낌 없이 표출되고 있고, 나와 다른 입장의 사람들에 대해서는 배제를 서슴지 않고 있습니다. 예를 들어, 2024년 12월 3일의 계엄령 이후에 상대를 악마화하며 적으로 규정하고 다 없애야지만 내가 존재할 수 있다는 극단주의를 주도하였던 일부 사람들의 모습은 이런 현실을 잘 보여줍니다.

이처럼 배제하고 적대시하는 상황에서 기독교는 어떤 모습을 보여주었나요? 특히 환대라는 주제와 관련해서 어떤 위치에 있었을까요? 환대를 실천하는 데 앞장서고 있나요? 아니면, 이에 무관심하거나 혹은 상반되는 분위기에 휩쓸리고 있나요? 적어도 환대를 실천하고 있다고 말하기는 어려운 현실로 보입니다.

기독교의 경전인 성경에서 환대φιλοξενία(Philoxenia)는 '나그네'xenos '사랑'philia으로 나타납니다. 기독교 신앙에서 가장 중요한 계명은 '하나님 사랑과 이웃 사랑'마22:34-40인데, 이웃 사랑의 대표적인 모습이 나그네 사랑입니다. '가장 큰 계명이 무엇이냐'라는 바리새인의 물음에 예수님이 하나님 사랑과 이웃 사랑이라고 대답하니, 바리새인은 '이웃이 누구냐'라고 다시 묻습니다. 그때 예수님이 대답으로 주신 이야기가 '선한 사마리아인' 비유입니다. 예수님은 강도 만난 유대인 나그네를 환대한 선한 사마리아인이 이웃이라고 말씀하십니다. 성경에서 나그네 사랑은 여러 차례 언급됩니다 창18:1-8; 19:1-11; 출22:21; 신10:18; 마25:35; 롬12:12-13; 딤전3:2; 5:10; 딛1:8; 히13:2; 요삼1:5 등. 이런 언급들을 볼 때, 기독교인들이 나그네를 접대하고 사랑하는 환대를 지향하고 실천하려는 것은 당연해 보입니다.

그런데 한국 사회에서 기독교는 환대를 실천하고 있다고 보기 어려운 것이 사실입니다. 환대로부터 많이 떨어진 것으로 보입니다. 그렇다면 어떻게 해야 환대를 실천하는 기독교인들이 될 수 있을까요? 여러 가지 방안이 있을 겁니다. 신앙적인 각성과 성령의 도우심이 중요할 수 있습니다. 그러면 이런 개인 신앙적인 차원을 돕는 실천적인 차원의 전략은 있을까요? 반대로, 환대의 지향이 현실과 동떨어진 경우 그 속에 실천적 의미가 있을까요? 환대라는 말을 들을 때 느껴지는 감격이 곧바로 공허해지지 않으려면 어떻게 해야 할까요?

이 글은 정치철학의 논의를 빌려서 환대를 향해 나아가는 실천적인 차원의 전략을 모색합니다. 진정한 환대로 나아가기 위해서는 실천적인 차원에서 기독교가 먼저 합당성reasonablenes을 갖춰야 한다고 주장할 것입니다. 그리고 합당성 확립으로부터 무조건적 환대로 나아가는 로드맵을 제안하고자 합니다.

환대에 대한 데리다의 철학적 논의: 무조건적 환대와 조건적 환대

환대에 관한 철학적 논의는 프랑스의 철학자 데리다Jacques Derrida가 상기시켰습니다. 데리다는 1996년 프랑스 파리에서 했던 강의를 토대로 한 저서 『환대에 대하여De l'hospitalité』에서 환대를 '무조건적 환대'와 '조건적 환대'로 구분합니다. 데리다는 무조건적인 환대가 환대의 의미를 제대로 드러낸 진정한 환대라고 말합니다.

환대는 '찾아온 사람을 반갑게 맞이하여 정성껏 대접한다'라는 의미입니다. 이런 의미에 따르면, 찾아온 사람이 어떤 사람인지 환영할 만한 사람인지 확인하는 과정은 불필요합니다. 그리고 손님과 주인의 관계는 전복되어 손님이 주인의 자리를 앉습니다. 데리다는 성경에서 아브라함이 더운 날씨에 지나가는 나그네 세 명을 보고 달려 나가 영접하여 자신의 장막으로 안내하고 융숭하게 대접했던 모습창18:1-8을 환대의 이상적인 사례로 말합니다. 지나가는 나그네 세 명이 누군지 확인하는 과정도 없이 자신의 거처에 들여 주인의 자리를 내어주는 행위가 바로 진정한 환대, 즉 무조건적 환대인 것입니다. 이런 무조건적인 환대를 기독교에서는 장려합니다. 성경은 아브라함의 사례를 염두에 두고 다음과 같이 말합니다.

> "손님 대접하기를 잊지 말라 이로써 부지중에 천사들을 대접한 이들이 있었느니라"_히13:2

나그네를 환대하는 것이 기독교의 정수라 할 수 있는 계명인 이웃 사랑의 대표적인 실천입니다.

그런데 우리가 현실에서 이런 환대를 할 수 있을까요? 누군가 내 집에 벨을 누를 때에 누군지 확인하지도 않고 무조건 들어오라고 열어주고, 나의 공간까지 내어줄 수 있을까요? 벨을 누른 사람이 도둑일 수도 있고, 악당이어서 우리를 해칠 수도 있습니다. 특히 낯선 이방인들의 사회인 현대 사회에서는 자신의 안전이 위협받을 수도 있기에, 무조건적인 환대는 현실적이지 않아 보입니다. 데리다 또한 이런 현실을 염두에 두고 무조건적인 환대를 종교적이며 이상적인 환대라고 말합니다.

데리다는 현실적인 형태의 환대를 '조건적 환대'라고 명명합니다. 환대할 대상을 확인하고, 환대하는 사람의 안전을 보장하면서 피해 보지 않는 수준에서 대접하는 것이 조건적 환대입니다.

반갑게 맞이하고 환영하지만, 그러한 환영은 그럴만한 조건을 갖춘 사람에게만 국한됩니다. 데리다는 독일의 철학자 칸트Immanuel Kant가 『영구평화론Zum ewigen Frieden: Ein philosophischer Entwurf』1795에서 말했던 환대가 조건적 환대의 사례라고 말합니다. 칸트는 방문하는 이방인들이 적이 아니라고 확인되면 적으로 간주하지 않고 일정 기간만 체류할 수 있는 '거류권'을 허용합니다. 주인의 안전을 보장하고 피해를 최소화할 수 있는 범위 내에서의 환대인 조건적 환대에 대해 데리다는 진정한 의미의 환대는 아니지만, 현실적인 차원의 환대라고 말합니다. 국가가 감당할 수 있는 범위 내에서 난민을 수용하고 외국인 노동자들에게 취업비자를 보장하면서, 이들을 차별하거나 배제하지 않고 충분한 권리와 복지를 제공하는 것 등이 조건적 환대의 사례가 됩니다.

이상론과 비이상론의 관계 논의를 환대에 적용

데리다는 이상적인 형태의 무조건적 환대와 진정한 환대라고 보긴 어렵지만 현실적인 차원의 조건적 환대를 대비합니다. 데리다는 양자를 대비했지만, 두 환대 개념은 실천적인 의미에서 정치철학의 이상론ideal theory과 비이상론non-ideal theory에 적용하고, 이들 사이의 관계로 해석해 볼 수도 있습니다.

정치철학 영역에 이상론과 비이상론에 대한 다양한 설명 방식이 있습니다. 대표적이고 일반적인 설명에 따르면, 이상론은 엄격한 조건 아래 제시되어 철저한 준수를 요구하는 내용을 담고 있습니다. 반면, 비이상론은 현실에서 볼 수 있을 것과 같은 부정의가 존재하는 조건 아래 제시되어 타협적이고 충분하지 못한 수준의 준수를 요구하는 내용을 담고 있습니다.

양자의 관계에 대해서도 다양한 논의가 있습니다. 어떤 학자들은 이상론 없이 비이상론만으로 실천을 도모하자고 주장하기도 합니다. 지금 당장 분명하게 드러난 부정의를 제거하는 비이상론의 방식 말입니다. 그런데 이상론이 제시하는 지향의 방향성 없는 이런 방식은 당장의 문제 해결에는 유용할지 모르지만, 나중에 오히려 더 큰 문제를 초래할 위험이 있습니다. 생태계에서 어떤 생물이 당장에 문제를 일으킨다고 이를 제거했다가 전체 생태계가 교란되는 사례는 비이상론만을 주장하는 입장의 한계를 잘 보여줍니다. 따라서 이상론 없는 비이상론은 맹목적일 수 있어 위험합니다.

어떤 학자들은 비이상론 없이 이상론만을 주장하기도 합니다. 현실과 타협하는 논의가 아닌 명징한 규범성을 이상론이 보여주기 때문입니다. 그런데 엄격한 조건 아래 제시된 이상론은 현실에서 무기력하기 쉽습니다. 아무리 정교한 논의라고 하더라도 실천에 기여하지 못한다면 실행을 목적으로 하는 논의라고 할 수 있을지 의문입니다. 비이상론 없는 이상론은 실천 없이 공허할 뿐입니다.

따라서 이상론과 비이상론은 긴밀한 관계를 맺는 방식으로 제시되어야 합니다. 이 글의 목적에서 볼 때, 비이상론으로부터 시작하여 이상론으로 나아가는 실천적 방식을 적절하다고 판단합니다. 즉, 이상론을 규범적 이상으로 먼저 설정하고, 이어서 부정의가 만연한 현실로부터 점진적으로 실천하여 이상적인 정의로운 사회로 나아가는 관계가 적절해 보입니다.

이런 이상론과 비이상론의 실천적 관계는 무조건적 환대와 조건적 환대에 적용해 볼 수 있습니다. 우리가 이상으로 추구해야 할 환대는 무조건적인 환대이지만, 현대 다원주의 사회에서 그것이 자신의 안전을 위협할 수도 있기 때문에 현실적으로 실천할 수 있는 환대는 조건적 환대라는 것입니다. 현실에서는 낮은 수준의 조건적 환대를 실천하면서 조금씩 높은 수준의 무조건적 환대로 나아가려고 노력하라는 말입니다.

혹자는 이상적인 무조건적 환대 없이 실천적인 관점에서 조건적 환대만 실천하면 되지 않겠냐고 말할 수도 있습니다. 만약 이상으로서의 무조건적 환대를 지향하지 않으면서, 현실적인 차원의 조건적 환대만 실천하면 어떻게 될까요? 비이상론만으로 충분하다고 주장했던 논의와 마찬가지로 장기적인 관점에서 심각한 문제를 일으킬 수 있습니다. 조건적 환대는 환대가 이뤄지는 환경인 사회의 수준에 의존하는 경향이 있습니다. 만약 사회가 더 불안하고 위협적인 환경으로 변화되면 조건적 환대의 수준은 더 낮아져 환대라고 명명할 수 있을지조차 의심스러운 상황이 될 수 있습니다. 그리고 그런 낮은 수준에 계속 머물러만 있을 수 있습니다. 따라서 조건적 환대가 진정한 환대로 나아가기 위해서는 무조건적 환대를 지향해야만 수준이 낮아짐을 막을 수 있고, 점진적으로도 환대의 수준을 높여갈 수 있습니다.

환대의 배경이 되는 다원주의 사회

환대가 무조건적 환대를 지향하고 목표로 삼으면서, 현실적으로는 조건적 환대로부터 나아갈 때 진정한 환대로 조금씩 접근할 수 있을 것입니다. 그런데 이런 관계는 어떤 사회에서나 가능할까요? 앞에서 말했던 것처럼, 타자를 적대시하고 배제하려는 사회에서도 조건적 환대를 시작할 수 있을까요? 조건적 환대조차 시작할 수 없는 사회에서는 어떻게 해야 할까요? 막연히 조건적 환대를 시작해 보자고 하면 될까요? 환대 실천을 시작할 수 있는 배경이 되는 사회의 모습은 무엇일까요?

환대로 나아가는 논의는 넓게 보면 다른 사회 구성원들과 어떤 윤리적 관계를 맺을 것인가와 관련됩니다. 따라서 앞의 물음들에 답을 모색하기 위해서는 우리가 다른 사회 구성원들을 만나는 환경이 어떤지부터 생각해 볼 필요가 있습니다. 현대 사회는 상충하고 갈등하는 다양한 가치들과 신념들이 존재하는 다원주의 pluralism 사회입니다. 이런 사회에서 사람들은 같은 가치관을 공유하는 사람들과 어울리기도 하고, 자신의 가치관과 충돌하여 갈등하는 사람들을 만나기도 합니다. 신념에 있어서 갈등하는 사람들과 관계없이 살 수도 없어서 어떤 관계를 맺어야 할지가 고민스럽기도 합니다. 이런 고민이 윤리학과 정치철학의 주제 중 하나입니다.

미국의 윤리학자이자 정치철학자인 롤스John Rawls는 이러한 다원주의 사회에서의 윤리적 관계를 정의론으로 제시합니다. 그는 먼저 두 영역을 구분하여 설명합니다. 하나는 자신의 신념과 가치관을 마음껏 향유하며 고수하는 영역이고, 다른 하나는 자신의 신념과 가치관을 어느 정도 자제하면서 다른 사람과 협력을 도모하는 영역입니다. 전자의 영역은 동아리, 친목 집단, 종교 집단 등의 사적 관계에 토대를 둔 결사체association의 영역이고, 후자의 영역은 국가, 사회 등의 공적 관계에 토대를 둔 정치 영역을 의미합니다. 현대 다원주의 사회에서 같은 신념, 예를 들어 같은 종교를 가진 사람들만 모여 국가를 이루는 것은 개인의 자유를 억압하지 않는 한 불가능합니다. 자유로운 사회 안에는 다양한 종교나 가치관 등이 있을 것인데, 이러한 종교나 가치관들은 때로는 상충하기도 합니다. 그렇지만 이러한 상충이 폭력이나 갈등으로 표출되면 생존 자체가 위협받는 불안한 삶이 될 수밖에 없기에, 정치 공동체는 다양한 종교와 가치관을 가진 사람들의 공존을 도모하고자 합니다. 개인의 자유를 억압하지 않으면서 다양한 가치들의 공존을 모색할 필요가 있고, 이것이 정의론의 과제입니다.

롤스는 다원주의를 극복할 대상이 아니라 자유로운 이성의 자연스러운 현상으로 받아들입니다. 어떻게 보면 롤스는 이를 당연할 뿐만 아니라 바람직한 현상으로 보는 것 같기도 합니다. 다양한 사상과 신념이 넘쳐나는 것은 이성의 자유가 존중되고 있음을 보여주기 때문입니다. 자유를 중시하는 사회에서는 다양한 가치관과 신념, 때로는 충돌하기도 하고 갈등하기도 하는 세계관의 공존이 당연하다는 의미입니다. 롤스는 이런 개인의 인생 전방에 걸쳐 영향을 행사하는 사적 관계에 관한 이상들, 예를 들어 세계관, 가치관, 도덕적 이론, 인간론, 종교적 이론 등과 같은 다양한 이론들을 '포괄적 교설'comprehensive doctrines이라고 부릅니다. 포괄적 교설은 개인의 가치관이나 좋음과 깊은 관련이 있으며, 개인에 대한 영향력이 지대합니다. 예를 들어, 진정한 종교인은 포괄적 교설인 해당 종교의 교리에 절대적인 가치를 두고 삶의 모든 영역에서 실천하면서 살아가려고 할 것입니다. 그의 말과 행동, 생각도 모두 해당 포괄적 교설에 영향받으려고 할 것입니다. 그런데 사회나 국가에는 하나의 포괄적 교설만이 존재하지 않고 다양한 포괄적 교설들이 존재하며, 때로는 그러한 포괄적 교설들끼리는 상충하기도 합니다. 예를 들어, 기독교에서는 하나님을 믿는 것이 유일한 구원의 길이라고 주장하는 반면에, 이슬람교에서는 알라를 믿는 것이 유일한 구원의 길이라고 주장합니다. 유일한 구원의 방법이 둘이 될 수 없기에 두 종교의 포괄적 교설은 상충하고, 포교 과정에서는 배타적 진리관으로 인해 갈등하기도 합니다.

포괄적 교설들이 이렇게 다양하고 때로는 상충한다면, 국가나 사회의 정치 공동체는 어떻게 유지될 수 있을까요? 롤스는 다양한 포괄적 교설들이 정치 공동체를 형성하고 협력하는 방안으로 제시하는 것이 바로 '정치적 정의관'political conception of justice입니다. 포괄적 교설이 개인 영역에 적용된다면, 정치적 정의관은 공적 영역인 정치 영역의 원리입니다. 롤스는 비록 다양한 포괄적 교설들이라고 하더라도 하나의 정치적 정의관을 지지할 수 있다고 말합니다. 인간은 타자와 협력해야만 살 수 있다는 상호 협력의 사회관이 전제되어 있기 때문입니다.

어떤 포괄적 교설은 이러한 사회관을 거부하고, 자신의 포괄적 교설을 사적 영역뿐만 아니라 정치 영역에서도 정치적 정의관으로 제시하고 싶을 수도 있습니다. 이렇게 된다면 다른 포괄적 교설들을 억압하고 폭력을 통해 제거해야만 가능할 것입니다. 이러한 모습은 비윤리적입니다. 따라서 롤스는 모든 포괄적 교설이 현대 다원주의 사회에서 허용되는 것이 아니라, '합당한'reasonable 포괄적 교설들만 허용합니다. 앞에서 말한 비윤리적인 포괄적 교설은 합당한 포괄적 교설이 아닙니다. 그리고 합당한 포괄적 교설들은 하나의 정치적 정의관을 지지하여 정치 공동체를 형성하고 협력할 수 있다고 말합니다. 정치적 정의관은 합당한 포괄적 교설들이 자유롭게 번성하는 토대가 됩니다.

포괄적 교설의 가치: 정의론에서 포괄적 교설인 종교의 역할

현대 다원주의 사회가 상호 협력하면서 다양한 포괄적 교설들의 공존을 도모하기 위해서는 '합당성'reasonableness 개념이 중요합니다. 합당한 다원주의 사회에서 환대 논의를 시작할 수 있기 때문입니다. 이 개념을 검토하기 전에 먼저 포괄적 교설의 다원주의 사회에서 갖는 가치를 살펴볼 필요가 있습니다. 혹자는 다원주의 사회에서 포괄적 교설이 개인 영역에서는 가치가 있을지 몰라도, 정치 영역에서는 억제할 대상으로밖에 보이지 않는다고 말할 수 있기 때문입니다. 여기서는 현대 다원주의 사회에서 갈등과 대립을 주도하는 것으로 보이는 포괄적 교설의 하나인 종교를 중심으로 그 가치를 살펴보고자 합니다.

포괄적 교설인 종교는 정의론과 어떤 관계를 맺을까요? 어떤 기여를 할까요?[1] 이러한 물음에 대한 롤스 정의론에 입각한 전통적인 답변은 종교 분리 원칙에 따라 둘은 무관하다는 견해입니다. 이런 오해가 발생하게 된 이유 중 하나는, 롤스가 『정의론A Theory of Justice』1971/1999에서 합의 당사자는 자신의 신념이나 가치관처럼 합의에 영향을 미칠 수 있는 내용들에 대해 무지의 베일veil of ignorance을 써서 몰라야만 공정성을 확보할 수 있다고 주장하기 때문입니다. 자신의 신념이나 가치관에 종교가 포함되기에 정의론은 종교와 무관하다고 오해한 것입니다. 더욱이 롤스는 『정치적 자유주의Political Liberalism』1993에서 정의관은 종교와 같은 포괄적 교설로부터 독립해서 지지가 된다고 주장하고 있기 때문입니다. 그런데 이런 전통적인 이해는 오해입니다. 원초적 입장에서 합의 당사자가 '자신'의 종교를 무엇인지 모른다는 것은 맞습니다. 그러나 이것이 종교의 영향력이 없다는 것을 의미하는 것은 아닙니다. 오히려 합의 당사자들은 '자신'이 어떤 종교를 신봉하는지 모를 뿐이지, 합의에 필요한 다양한 종교에 대해 깊은 이해관심이 있기 때문입니다. 또한, 정치적 정의관이 포괄적 교설로부터 독립적으로 지지가 된다는 것은 이중의 합의 과정인 중첩적 합의overlapping consensus에서의 한 부분에 대한 언급일 뿐입니다. 정치적 정의관은 종교와 같은 포괄적 교설을 통해 지지가 되어야만 안정성을 확보할 수 있습니다. 이런 해명으로 볼 때, 롤스의 정의론과 종교가 무관하다고 보기는 어렵습니다.

롤스 정의론에서 종교의 역할은 크게 두 가지입니다. 하나는 정의론의 이론 도출 과정에서 기초 개념과 가치들을 제시한다는 겁니다. 예를 들어, 롤스 정의론의 토대 가치라고 볼 수 있는 '인간의 불가침적 존엄성'은 하나님의 형상에 근거한 기독교 종교적 교설에 토대를 두고 있다고 볼 수 있습니다. 또한, 롤스 정의론에서 정의로운 분배의 토대가 되는 '공동 자산'common assets에 대한 논의는 기독교 포괄적 교설로부터 나왔다고 볼 수 있습니다. 개인의 천부적 재능이나 사회적 자산은 자신만의 소유라고 도덕적으로 주장하기 어려운 자연적 우연성과 사회적 우연성에 해당하는 자연적 사실이기에, 이에 대한 사용은 사회 전체의 이익에 기여하는 방식이어야 한다는 롤스의 논의는 기독교 포괄적 교설에서 말하는 청지기 개념이나 은사gifts 개념과 일치하기 때문입니다.

다른 하나는 정의관의 안정성을 유지하는 데 종교가 기여한다는 점입니다. 롤스 정의론을 이야기하면 단지 그냥 합의됐다는 이야기에만 초점을 맞추는 경향이 있습니다. 그래서 사실 합의된 내용을 합의 당사자인 내가 나의 의무로 받아들여야만 준수할 수 있다는 점도 마찬가지로 중요함에도 간과되곤 합니다. 그런데 합의 과정에서 합의가 정치적 관점에서도 합의되고, 또한 내가 가진 포괄적 교설, 즉 나의 가치관과 신념에 의해서도 지지가 된다면 어느 정도 안정성을 확보할 수 있을 것입니다. 포괄적 교설 가운데 이처럼 준수할 만한 강력한 가치관과 신념이 종교인 것입니다. 따라서 합의 내용이 정치관과 포괄적 교설로 두 번 합의되었다는 개념인 중첩적 합의는 안정성을 위해 중요한 장치입니다. 이 장치에 기여하는 것이 바로 종교입니다. 이런 의미에서 롤스는 공적 이성을 통한 합의 과정에서 종교적 언어가 사용될 수 있다고 주장합니다.

이상의 논의에서 볼 수 있는 것처럼, 종교와 같은 포괄적 교설은 개인의 삶에 기여할 뿐만 아니라, 정치 공동체의 형성과 유지를 위해서도 중요한 역할을 감당합니다. 이런 가치로 인해 정치 영역의 논의에서 포괄적 교설은 억제되거나 배제될 수 없습니다.

환대 논의의 토대가 되는 합당성의 세 의미

정치 영역에서 포괄적 교설이 중요하고 필요하다면, 어떤 근거로 그러한 포괄적 교설들을 허용할 수 있을까요? 롤스는 타인들과 교류하며 살아가는 현대 사회를 '합당한'reasonable 다원주의 사회라고 말합니다. 롤스가 말하는 '합당한' 다원주의 사회는 다양한 포괄적 교설들이 공존하는 세계를 지향합니다. 여기서 롤스는 모든 포괄적 교설이 아니라 '합당한' 포괄적 교설들이 공존하는 세계로 제한합니다. 만약 다른 포괄적 교설을 파괴하려는 포괄적 교설을 지향한다고 말하면 공존 자체가 성립하지 않기 때문입니다. 롤스의 정의론에서 '합당한' 또는 '합당성'이라는 개념은 여러 차원과 여러 맥락에서 등장합니다. 이 개념은 인간의 특성을 말할 때도 등장하고, 추구할 희망을 말할 때도 사용됩니다. 여기서는 이 글이 주목하는 타인과의 관계와 관련될 때의 의미가 무엇인지 설명할 것입니다. 타인과의 관계와 관련된 사회나 포괄적 교설을 말할 때의 '합당한' 또는 '합당성'의 의미는 무엇인지 살펴봅시다.

학자들은 롤스의 합당성 개념을 세 가지의 의미로 분류합니다. 첫 번째는 이해 가능성intelligibility으로서의 의미입니다. 포괄적 교설들이 소통 과정에서 서로 이해가 가능하다는 의미입니다. 예를 들어서, 어떤 포괄적 교설이 자신들의 교설에 토대를 둔 기적을 말할 때, 설령 자신의 포괄적 교설에서는 그러한 기적을 믿지 않는다고 하더라도 이런 체계와 논리로 인해 그러한 기적을 제시한다는 정도의 이해가 가능하다면 소통도 가능할 겁니다. 이런 차원에서 첫 번째 이해 가능성 의미는 다른 의미들의 토대가 됩니다.

두 번째는 판단의 부담burden of judgment이라는 의미입니다. 자신의 포괄적 교설의 신념이 자신의 신념 체계에서는 절대적인 진리여서 삶의 원리이자 토대일 수 있지만, 다른 사회 구성원들과 협력해야 하는 '정치 영역'에서는 다른 신념이 옳을 수 있음을 인정하는 것이 판단의 부담입니다. 이것은 내가 다른 포괄적 교설의 옹호자들을 신념의 '사적 영역'에서는 받아들이긴 어렵지만, '정치 영역'에서는 존중할 수 있다는 의미입니다. 예를 들어, 포괄적 교설인 기독교는 사적 영역인 영혼 구원에 있어서는 배타적인 절대 진리를 주장합니다. 하지만, 정치 영역에 있어서는 기독교 가치에 따른 정책을 제시하면서 다른 선택지들과 치열한 논쟁을 할 수 있지만, 내 정책만이 절대적으로 옳다고는 주장하지 않고 다양한 선택지들이 옳을 수 있음을 인식적 차원에서 인정하는 것이 판단의 부담입니다.

세 번째는 조정moderation, 다시 말해 협력할 수 있다는 의미입니다. 나와 너는 서로 '사적 영역'에서는 양립할 수 없는 신념 체계를 가지고 있긴 하지만, '공적 영역'에서는 협력의 대상이자 함께 더불어 공존할 대상임을 인정한다는 의미입니다. 판단의 부담이 다른 포괄적 교설에 대한 존중이라는 인식적 차원이라면, 조정의 의미는 다른 포괄적 교설과 협력하겠다는 실천적 차원입니다. 예를 들어, 기독교인과 이슬람교도가 어떤 정치 사안에 대해 상충할 수 있지만, 폭력을 사용하지 않고 대화와 설득을 통해 협력을 도모할 수 있습니다.

이런 세 가지 의미를 충분히 발휘하지는 못할지라도 최소한의 수준에서 충족한다면 '합당한' 포괄적 교설이라 할 수 있습니다. 그렇지 못한 입장들은 '무합당한'non-reasonable 또는 '비합당한'unreasonable 포괄적 교설이라고 합니다. 추후 '무합당한'과 '비합당한'은 구분할 것이지만, 이들은 모두 합당하지 않은 포괄적 교설로 묶일 수 있습니다.

합당성 확보를 위한 방법인 관용

환대 논의를 시작할 수 있는 토대가 되는 기준이 합당성 개념입니다. 합당성이 갖춰진 합당한 다원주의 사회에서 조건적 환대로부터 진정한 환대로 나아가는 여정을 시작할 수 있습니다. 그런데 합당한 다원주의 사회에서 조건적 환대를 바로 시작하기는 어려울 수 있습니다. 왜냐하면 합당한 다원주의 사회 내에 합당하지 않은 사람들, 또는 그러한 사람들이 신념으로 따르는 포괄적 교설들이 존재할 수 있기 때문입니다. 합당한 다원주의 사회 내에 타자나 다른 포괄적 교설을 존중하지도 않고 협력하려고도 하지 않는 불관용적인 포괄적 교설과 그 지지자들이 있을 수 있음을 인정한다는 말입니다. 롤스는 더 나아가 이들과 이들이 지지하는 불관용적인 포괄적 교설이 언제나 합당한 다원주의 내에 있을 수 있다고까지 말합니다.

이들을 어떻게 해야 할까요? 롤스는 불관용자들을 '관용'하라고 말합니다.[2] 관용tolérance, toleration이란 배제나 억압 등의 폭력적인 비윤리적 방식이 아니라, 타자의 있는 모습 그대로 인정하고 같은 공간에 존재하도록 허용하는 윤리적 태도를 가리킵니다. 예를 들어, 자신들만의 교리가 절대적이라고 말하면서 정치적으로 반영되어야만 한다고 주장하며 다른 포괄적 교설들은 말하지도 못하게 해야 한다고 주장하는 포괄적 교설이 있다고 했을 때, 그러한 주장이 자유주의 사회 구성원들을 불쾌하게 만들고 얼굴 찡그리게 할 수는 있겠지만 사회를 파괴하거나 위협하는 정도는 아니라면 그러한 주장을 하도록 허용하라는 의미입니다. 관용한다는 것은 그러한 포괄적 교설에 공감하거나 동의하라는 의미가 아닙니다. 단지 힘을 통해 강제하지 말고 허용하라는 의미입니다. 이런 의미에서 관용은 위계를 전제하며, 동등을 추구하는 환대보다는 훨씬 낮은 수준의 윤리적 태도입니다.

관용 실천의 동력은 어디에서 나올까요? 그것은 합당한 다원주의의 토대가 되는 자유주의, 다시 말해 다양한 포괄적 교설들의 존재를 인정하는 자유주의를 그들에게 관용을 통해 보여주고, 그들이 이를 직접 경험하게 되면 자유를 수용하면서 결국에는 불관용의 입장을 내려놓고 그들이 합당한 수준으로 바뀔 것이라는 기대와 자신감에서 나옵니다. 합당한 다원주의의 지지자들은 다를 뿐만 아니라 상충하는 포괄적 교설들마저 평화롭게 공존하는 사회가 개인들의 자유를 보장하는 바람직한 사회라는 믿음, 그리고 이를 경험하면 불관용자들마저 수용하고 협력할 것이라는 자신감을 갖고 있습니다. 예를 들어, 불관용적인 포괄적 교설의 지지자들이 자신들이 소수임에도 불구하고, 다시 말해 자신들의 표현의 자유를 억압할 권력을 가진 다수의 다른 사회 구성원들이 표현의 자유를 허용해 주어 자신들이 표현의 자유를 억압하려는 입장을 표출할 수 있다는 사실을 깨달으면, 표현의 자유가 가치 있음을 깨닫게 되어 결국은 다른 사람들의 표현의 자유를 억압하려는 생각이 틀렸다는 자각을 하고 다른 포괄적 교설을 존중하고 협력하려는 합당한 포괄적 교설로 바뀔 것이라는 믿음입니다. 이런 믿음과 자신감이 불관용자에 대한 관용의 토대입니다.

물론 이런 불관용자에 대한 관용이 무조건적인 것은 아닙니다. 여기에는 조건이 하나 있습니다. 그러한 관용이 합당한 다원주의의 자유주의 사회 자체를 붕괴할 정도로까지 가면 안 된다는 조건입니다. 합당한 다원주의를 파괴하려는 사람들을 관용하다가 합당한 다원주의가 파괴되면 그러한 관용 자체를 행할 수 없기 때문입니다. 협력 체계로서의 사회가 심각한 위협을 받게 될 정도가 되면 불관용, 다시 말해 불관용적인 포괄적 교설을 허용하지 못하게 하는 것입니다. 예를 들어, 자유주의를 반대하여 테러를 일삼는 불관용적인 포괄적 교설에는 관용할 수가 없을 것입니다.

합당성을 위한 관용의 대상

롤스는 현대 다원주의 사회에는 합당하지 않은 교설과 그 지지자들이 있을 것이며, 이들을 관용하라고 말합니다. 그렇다면 모든 합당하지 않은 교설을 관용해야 할까요? 관용의 방법에서도 무조건적으로 불관용자를 관용하는 것이 아니라 어떤 조건이 있습니다. 이런 조건에 따라서 본다면 '합당하지 않음'을 세 가지 입장으로 구분해 볼 수 있습니다.

첫째, 안정적인 사회에 위협이 되는 대상, 곧 민주적 자유를 거부함으로써 정치적 정의관을 전복시키려고 시도하는 포괄적 교설들입니다. 롤스는 그런 시도를 하는 포괄적 교설을 우려하며 전쟁과 질병처럼 여겨 강력한 대응을 언급하는데, 이런 대상을 좁은 의미의 '비합당성'unreasonable이라고 명명할 수 있습니다. 비합당성은 폭력을 통해 다원주의 사회의 자유를 침해하려고 하기에 관용의 대상이 아닙니다. 강력한 제재를 통해 불관용해야 합니다. 폭력적 비합당성의 개별 국가 내에서의 사례로는 2025년 1월 19일에 발생한 서울서부지방법원 점거 폭동, 2021년 1월 6일 미국에서 발생한 국회의사당 점거 폭동 등이 대표적입니다. 두 경우 모두 특정 입장의 지지자들이 자신의 관점을 관철하기 위해 물리적 폭력을 저지른 것이기 때문입니다.

둘째, 합당하지 않은 포괄적 교설들 가운데 자유주의적 제도와 정의의 원칙이 보여주는 사회 안정성을 통해 제도에 대해 신뢰하게 됨으로써 합당한 것으로 바뀔 가능성이 있는 교설들입니다. 변화의 희망을 품고 있는 이런 포괄적 교설에 대해 '합당가능성'reasonable-to-be이라고 명명할 수 있습니다. 이들은 관용의 대상으로 비교적 쉽게 합당성으로 이전할 수 있는 교설들입니다.

관용과 관련해서 주의를 요구하는 대상인 셋째는 첫째와 둘째 사이에 존재하는 교설들입니다. 이러한 교설들은 사회통합과 정치적 안정성을 전복시키려는 광신도와 다르며, 그렇다고 해서 제도를 통해서 합당한 것으로 변할 수 있을 정도로 개방적인 상태도 아닙니다. 이 포괄적 교설의 지지자들은 자신의 믿음에 강한 뜻을 지니고 있기 때문입니다. 동시에 그들은 자유주의적 제도를 지지하면서 사회에 적극적으로 참여하지만 합당한 이유에 근거한 것이 아닌데, 이런 포괄적 교설을 무합당성non-reasonable으로 명명할 수 있습니다. 여호와의 증인Jehovah's Witnesses과 같은 종교적 또는 신앙적 근본주의fundamentalism는 무합당적인 포괄적 교설의 사례입니다. 신앙적 근본주의는 정치적 근본주의인 극단주의와 구분할 필요가 있습니다. 전자는 사적 영역인 비정치 영역, 특히 종교 영역에서 다원성을 거부하는 근본주의입니다. 후자는 정치 영역에서 다원성을 거부하는 근본주의입니다. 롤스의 정치관과 포괄적 교설 구분에 따르면, 후자는 타자와의 협력 자체를 거부하기에 사회적으로 수용할 수 없지만, 전자는 타자와의 협력을 추구하는 합당성만 갖춘다면 충분히 수용할 수 있습니다.

여호와의 증인들은 모두가 받아들일 수 있는 옳은 이유에 근거하고 있지 않음에도 불구하고, 합당한 이들과 같이 평화와 공존을 추구하고 사회적 협동의 기준을 받아들이고 있기 때문입니다. 이들은 다른 사회 구성원을 자유롭고 평등한 존재로 바라보지 않으며, 오히려 구원의 대상으로 생각합니다. 사회는 구원이라는 목표를 이루기 위한 장소로서, 지역사회와의 공존과 다양한 사회 참여는 그 목표를 이루려는 방법의 하나가 됩니다. 자유로운 제도를 지지하고 평화와 공존을 추구하고 있지만, 그 근거는 자신이 진리라고 믿고 있는 교설에 있습니다. 무합당적인 교설은 자유로운 정치적 문화가 아닌 다른 개념에 근거하고 있음에도 불구하고, 자유주의적 제도를 지지할 준비가 되어 있다는 점에서 협력이 가능합니다. 무엇보다 평화와 공존을 바라고 있다는 점, 즉 비폭력성을 핵심 가치 중 하나로 추구한다는 점은 그런 협력의 가능성을 크게 열어 놓는다고 할 수 있습니다.

셋째 영역에 속하는 무합당적인 포괄적 교설에 대해서는 합당한 포괄적 교설들이 먼저 정치 영역에서 관용의 태도를 보여야 합니다. 그들은 자신만의 이유로 합당하지 않은 교설을 지지하고 있지만, 지금 당장 사회에 폭력성을 드러내고 있지 않기 때문입니다. 그들은 사회 구성원들의 자기 보존의 권리는 물론 정치 제도의 안정성을 위협적으로 침해하지 않고 있습니다. 무합당성이 합당성으로 변할 가능성이 아무리 적다고 할지라도 평등한 시민으로서 권리들을 보장해 줘야 할 것이며, 그들이 보여주는 비폭력성에 맞추어 적절한 관용의 자세를 보여야 합니다. 그러나 만일 무합당적인 포괄적 교설이 적절한 세력을 갖춤으로써 사회를 대하는 태도를 바꿔 정의로운 제도와 원칙을 거부하고 자신의 교설을 강요하는 방식, 곧 신앙적 근본주의를 넘어 정치적 근본주의로 나아갈 뿐만 아니라 그 정도가 정치 공동체를 위협할 수준이라면 비합당성과 마찬가지로 불관용이 적용되어야 할 것입니다.

환대를 향한 기독교의 로드맵: 합당성으로부터 환대로

기독교가 환대를 지향하며 실천하기 위해서는 어떻게 해야 할까요? 먼저, 합당한 포괄적 교설이 되어야 합니다. 그러기 위해서는 기독교가 합당성을 잘 이해해야 합니다. 혹자는 기독교가 정치 영역에서 다른 포괄적 교설들이 옳을 수 있다는 판단의 부담을 통해 이들과 협력하는 합당한 포괄적 교설이 되라는 말을 기독교의 신념을 포기하라는 말로 오해할 수 있습니다. 합당성을 가진 사람은 자신의 포괄적 교설이 갖는 신념, 예를 들어 자신의 종교만이 구원이라는 입장, 특히 신앙적 근본주의 입장을 포기해야 할까요? 아닙니다. 합당한 포괄적 교설은 그 자체로 존중되고 가치 있습니다. 다만, 합당한 포괄적 교설이라는 의미는 다른 사회 구성원들과의 협력 차원, 곧 정치 영역에서는 협력의 동반자로 존중하라는 말입니다. 예를 들어, 복음의 절대성을 인정하면서도 복음과 거리가 있어 보이는 정책 지지자를 존중할 수 있다는 의미입니다. 합당성은 나와 상충하고 양립할 수 없다고 생각되는 포괄적 교설을 따르는 사람을 내가 함께 공존하고 협력해야 할 사회 구성원으로 인정하는가의 질문에 대한 답입니다.

기독교가 합당성에 대해 잘 이해했다면, 이제는 사회에 합당성을 확립하기 위해 관용을 실천할 필요가 있습니다. 관용을 기독교 내에서 실천하기 위해서는 어떻게 해야 할까요? 교회 내에서의 논의는 본질적인 영역과 비본질적인 영역을 구분해서 이해할 필요가 있습니다. 성경의 핵심적이고 본질적인 부분에 대해서는 절대시해야 하지만, 성경의 본질과 무관한 부분들, 예를 들어 정치적 입장 등에 대해서는 관용할 필요가 있다는 의미입니다. 기독교는 본질적인 부분에서 다르지 않다면 비본질적인 부분에서의 차이에 대해서는 다르거나 상충하더라도 협력의 대상으로는 수용해야 합니다. 극단주의가 보여주는 것처럼 상대를 악마시하고 파멸의 대상으로 보는 것은 자제해야 합니다. 기독교인들 사이에서 정책과 관련해 논쟁하면서 은연중에 다른 정책을 지지하는 사람과는 같은 사회에서 살 수 없다는 입장을 드러내는 것은 극단주의로 나아가는 길을 가는 것입니다.

박근혜 탄핵 사태에서 나타났던 기독교를 분석한 『태극기를 휘날리는 그리스도인』IVP, 2021에는 본질적인 복음의 절대성을 인정하면서도 비본질적인 부분인 북한과의 관계에 대해서는 다양한 정책 입장을 지지할 수 있다는 사례가 나옵니다. 어떤 성도는 북한에 대한 무조건적인 원조 정책을 옹호할 수 있고, 어떤 성도는 북한 원조를 하지 말아야 한다는 정책을 지지할 수 있다는 말입니다. 이처럼 서로 다른 정책을 지지하는 성도들은 상호 존중하면서 토론을 통해 어떤 정책을 지지하는 것이 바람직할지를 모색해야 합니다. 본질적인 진리에 대해서는 타협하지 않아야 하지만, 비본질적인 정책 영역에 관해서는 토론해서 타협할 여지가 있는 것입니다. 이를 구분하지 못하는 사람은 만약에 내가 북한을 돕는 입장을 지지하면 하나님이 나를 버리실 것이라고 오해할 수 있습니다. 다른 정책과 타협하는 것은 곧 신앙을 버리는 것이라는 오해입니다. 누군가 이렇게 말한다면, 복음의 본질적인 부분과 비본질적인 부분을 구분하지 못하는 잘못된 논리입니다. 합당하지 못한 태도입니다. 합당한 포괄적 교설로서의 기독교를 인정하게 된다면, 정치적 극단주의가 아닌 신앙적 근본주의까지는 가능해 보입니다. 신앙적 근본주의가 옳고 추구할 대상이라는 의미가 아니라, 그러한 입장을 취하는 것도 가능하지만 여기서 정치적 극단주의로 넘어가지는 말아야 한다는 뜻입니다. 종교적 또는 신앙적 근본주의와 정치적 근본주의인 정치적 극단주의를 구분하는 것이 중요합니다.

『태극기를 휘날리는 그리스도인』은 극단주의를 편협성과 폐쇄성, 편 가르기, 그리고 상대에 대한 정복, 타도, 파멸 의도의 세 가지로 규정합니다. 이러한 극단주의가 폭력성을 더하게 되면 좁은 의미의 비합당성에 해당한다고 볼 수 있습니다. 특히 이들이 보이는 타도와 파멸의 폭력성은 관용의 대상이 아님을 보여줍니다. 따라서 이들을 관용하지 않는 것은 정당합니다.

그런데 소위 극단주의라 불리는 집회에 참여한 사람들이 모두 정치적 극단주의 지지자들일까요? 『태극기를 휘날리는 그리스도인』은 박근혜 탄핵을 반대하는 전광훈 집회에 참석했던 사람들을 대상으로 설문조사와 인식 조사를 하면서 느슨한 연대 내에 다양한 입장이 혼재되어 있다고 분석합니다. 설문 응답자의 절반 이상인 57%는 태극기 집회가 필요하긴 하지만 과격한 행동은 삼가야 한다며 태극기 집회의 현재 모습에 아쉬움을 나타냈습니다. 과격한 운동이 있어도 꼭 필요하다는 극우 성향의 응답자는 20.3%에 불과했습니다. 이러한 설문 결과는 태극기 집회가 시민들에게 드러나는 방식은 과격한 극우 집회이지만, 태극기 집회에 참여한 사람들 안에 다양한 목소리가 있음을 보여줍니다. 합당성의 언어로 표현해 본다면, 태극기 집회 참여자들이 합당하지는 않더라도 무합당하거나 비합당한 사람들이 섞여 있다고 볼 수 있습니다. 다시 말해, 관용의 대상들이 포함되어 있다는 의미입니다.

환대로 나아가기 위한 토대인 합당성을 확립하기 위해서는 기독교 내에서뿐만 아니라 사회에서도 관용을 실천해야 합니다. 관용을 통해 합당성이 사회적으로 확립되어야 조건적 환대를 시작할 수 있습니다. 따라서 극단주의를 표출하는 집회 참여자들이나 동조자들을 잘 분류하여 합당성으로 유도할 사람들, 다시 말해 관용의 대상이 되는 사람들과 합당성으로 유도할 수 없는 비합당한 사람들, 즉 배제의 대상이 될 사람들을 구분해야 합니다. 그리고 전자의 사람들을 관용을 통해 합당성을 확보하도록 유도해야 합니다. 만약 이들을 구분하지 않고 모두를 배제의 대상으로 본다면, 이런 모습은 또 다른 극단주의 표현에 불과합니다. 태극기 집회와 같은 정치 집회에 나라를 걱정하는 순수한 마음으로 나간 사람들을 극단으로 몰아 배제해 버리면, 그러한 무합당한 사람들이 비합당한 사람들로 밀려가 진짜 극단주의자들이 될 수 있다는 것입니다. 만약 무합당성의 지지자들이 비폭력적이고 정치 공동체를 위협할 수준이 아님에도 불구하고 사회가 그들의 불관용적 태도에 대해 불관용의 봉쇄로 대응한다면, 이들은 폭력적 비합당성으로 전이될 가능성이 높으며, 이로 인해 합당한 다원주의의 안정성이 흔들릴 수 있습니다. 왜냐하면, 합당한 다원주의의 안정성은 그것이 갖는 포용력과 협력의 가능성에 대한 도덕 심리학적 신뢰에 기반을 두고 있는데, 비폭력적인 무합당성에 대한 불관용의 봉쇄는 다른 비합당한 포괄적 교설들과 일부 합당한 포괄적 교설들의 신뢰를 상실하게 할 우려가 있기 때문입니다. 적절한 관용의 부재는 합당한 다원주의를 위협합니다.

환대는 무조건적 환대를 지향하면서 현실적으로는 조건적 환대로부터 시작해야 합니다. 그런데 조건적 환대는 합당성이 확립된 사회로부터 시작할 수 있습니다. 따라서 사회적 갈등과 분열이 고도화되어 배제와 폭력이 난무한 한국 사회는 먼저 합당성 확립을 위해 노력할 필요가 있습니다. 포괄적 교설인 기독교는 사적 영역에서는 절대적 진리관을 유지하면서도, 공적인 정치 영역에서는 다른 포괄적 교설들에 관한 판단의 부담과 협력을 도모할 필요가 있습니다. 관용을 통해 합당성을 표현하고 확립하려고 노력해야 합니다.

합당성을 가진 사람은 타자를 배제하고 혐오하며 없애야 할 대상으로 보지 않습니다. 오히려 다른 사회 구성원들의 포괄적 교설을 존중합니다. 예를 들어, 종교에 대해 동의하지는 않지만 사회 구성원으로는 존중하는 태도를 가질 수 있는 것입니다. 이런 의미에서 합당성이 없이는 환대와 같은 수준 높은 가치는 꿈도 꿀 수 없는 것입니다. 다른 사회 구성원을 나와 협력할 대상이나 공존할 대상으로 보지 않으면서 공감하고 환대한다는 것은 어불성설이기 때문입니다. 환대를 향한 첫걸음은 합당한 종교로서의 기독교가 되어 관용을 실천하는 데에 있습니다.

5장

인구 절벽 시대의 사회통합과 청소년 포용 정책

: 소외된 미래를 향한 국가의 책무

박선영

The University of Birmingham(영국)에서 박사학위(Ph.D in Education)를 받았고, 한국체육대학교 스포츠청소년지도학과 교수로 있다. 주요 저서로는 『청소년활동론』(공저, 정민사), 『차세대 청소년학 총론』(공저, 양서원), 『청소년지도방법론』(공저, 교육과학사), 『청소년학개론』(공저, 학지사) 등이 있으며, 주요 논문으로는 「Clarifying the Characteristics and Exploring the Collaboration of Citizenship and Character Education in South Korea)」, 「한국 청소년의 시민참여와 정치효능감에 관한 연구」, 「포스트 코로나19 시대 청소년활동과 청소년정책의 과제」 등이 있다.

이 글은 대한민국이 직면한 급격한 인구구조 변화와 인구 절벽 위기 속에서 청소년 정책이 단순한 보호를 넘어 공동체의 지속 가능성을 확보하기 위한 '사회통합'의 핵심 전략으로 재편되어야 함을 강조하고자 하였다. 대한민국은 인구 성장률의 마이너스 진입과 청소년 인구의 급감이라는 인구학적 고립에 처해 있으며, 특히 청소년 사망 원인 1위인 자살과 높은 정서적 고립감 등은 기존 사회 안전망의 한계를 극명히 드러내고 있어 청소년이 사회통합과 포용의 주요 대상이 되었기 때문이다.

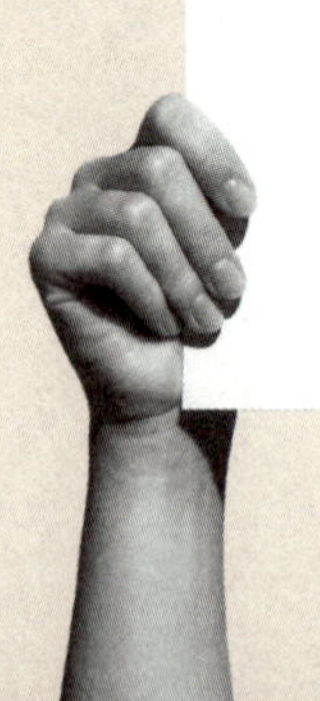

공감의
울림으로

환대의
몸짓으로

서문_대한민국 청소년 정책의 대전환과 사회통합의 의미

오늘날 대한민국 사회가 직면한 가장 시급하고도 근본적인 과제는 급격한 인구구조의 변화와 그에 따른 공동체의 지속 가능성 확보입니다. 인구 성장률이 마이너스 국면에 진입하고 청소년 인구가 급격히 감소하는 현실 속에서, 청소년 정책은 단순히 보호와 규제의 차원을 넘어 국가의 존립을 위한 '사회통합'의 핵심 전략으로 재편되어야 합니다. 사회통합이란 단순히 갈등을 봉합하는 수준을 넘어, 사회적 배제 요소를 제거하고 모든 구성원이 역량을 발휘할 수 있는 연대 기반을 마련하는 것입니다. 특히 위기 청소년들이 겪는 경제적 빈곤, 정서적 고립, 교육적 소외는 사회적 배제의 전형적인 양상이며, 이를 해소하기 위한 포용 정책은 우리 공동체가 미래 세대에게 건네는 가장 강력한 사회적 계약이 될 것입니다. 본 글에서는 대한민국 청소년들이 처한 통계적 현실을 진단하고, 법적 토대 위에 구축된 다양한 포용 정책 사례들을 사회통합의 관점에서 심도 있게 분석하고자 합니다.

수치로 증명된 청소년의 위기와 인구학적 고립

대한민국의 인구 성장률 지표는 우리 사회의 미래 동력이 얼마나 급격히 소실되고 있는지를 극명하게 보여줍니다. 2020년부터 2025년 사이의 평균 인구 성장률은 -0.06%를 기록하고 있으며, 이는 2030년대에 접어들면 -0.30%까지 하락할 것으로 전망됩니다. 이러한 하락세는 캐나다나 프랑스, 영국 등 주요 선진국들이 플러스 성장률을 유지하거나 완만한 하락을 보이는 것과 비교할 때 독보적으로 가파른 수준입니다. 전체 인구 대비 0세에서 24세 사이의 아동 및 청소년이 차지하는 비중 또한 21.20%로, 미국이나 영국의 30% 수준에 크게 못 미치는 최하위권에 머물러 있습니다. 특히 9세에서 24세 사이의 청소년 인구는 2020년 863만 명에서 2070년 325만 명으로 50년 만에 절반 이하로 급감할 것이라는 통계청의 예측은 정책적 대응의 시급성을 일깨워줍니다.

단순한 인구수의 감소보다 더 심각한 것은 생존해 있는 청소년들이 느끼는 삶의 고통입니다. 10세에서 19세 사이 청소년의 사망 원인 중 가장 높은 비중을 차지하는 것은 암이나 운수사고가 아닌 '고의적 자해', 즉 자살입니다. 인구 10만 명당 남성 7.6명, 여성 6.7명이 스스로 생을 마감하고 있다는 사실은 우리 사회의 안전망이 청소년들의 정신적 고통을 감당하지 못하고 있음을 의미합니다. 이들은 고민이 있을 때 주로 어머니나 친구를 찾지만, 약 12~13%의 청소년은 단 한 명의 고민 상담 상대조차 없다고 응답하였으며, 공적 체계인 상담 선생님을 찾는 비중은 채 1%에도 미치지 못하고 있습니다. 이러한 정서적 고립은 범죄로 이어지기도 하는데, 청소년 범죄 중 재산범죄가 40.0%로 가장 높고, 강력범죄와 폭력이 그 뒤를 잇는 양상은 청소년들이 처한 경제적, 환경적 위기가 사회적 일탈과 밀접하게 연관되어 있음을 시사합니다.

다변화된 청소년 연령 기준과 법적 보호의 울타리

정책적 포용의 대상을 명확히 하기 위해서는 우선 청소년에 대한 법적 정의를 살펴야 합니다. 대한민국 법령은 각기 다른 목적에 따라 청소년의 범위를 다르게 규정하고 있어, 정책 전달 체계에서의 정교한 접근이 요구됩니다. 청소년 기본법과 청소년활동 진흥법, 그리고 청소년 복지 지원법은 9세 이상 24세 이하를 청소년으로 규정하여 성장의 전 과정을 폭넓게 지원하고 있습니다. 반면, 청소년 보호법은 유해 환경으로부터의 보호를 목적으로 연 19세 미만을 대상으로 설정하고 있으며, 근로기준법은 연소자의 노동권을 보호하기 위해 18세 미만을 기준으로 두되 15세 미만은 원칙적으로 근로자로 사용할 수 없도록 명시하고 있습니다.

이러한 국내법적 기준은 국제기구의 기준과 상호 보완적인 관계를 맺습니다. UN 아동권리협약은 18세 미만을 아동으로 보며, UN 청소년 세계실천 프로그램이나 국제노동기구ILO는 15세에서 24세를 청소년으로 정의합니다. 세계보건기구WHO는 더욱 세분화하여 10세에서 19세를 사춘기 청소년으로, 15세에서 24세를 청년층으로 구분하기도 합니다. 이러한 다층적 연령 규정은 위기 청소년을 위한 특별지원 사업이나 학교 밖 청소년 지원 사업 등 각 정책이 어떤 연령대의 욕구에 집중해야 하는지를 결정하는 중요한 법적 근거가 됩니다.

사회적 배제 극복을 위한 위기 청소년 특별지원 사업

사회통합의 관점에서 가장 실질적인 개입은 경제적 위기에 처한 청소년들에게 생존의 토대를 마련해주는 것입니다. 청소년 복지 지원법 제14조에 근거한 '위기 청소년 특별지원 사업'은 사회적, 경제적 어려움으로 인해 건강한 성장이 저해되는 만 9세 이상 24세 이하의 청소년을 대상으로 합니다. 여기에는 보호자가 없거나 보호자의 보호를 제대로 받지 못하는 청소년, 그리고 일정 기간 이상 외부와 단절되어 정상적인 생활이 곤란한 청소년 등이 포함됩니다. 선정 기준은 가구 소득 중위소득 100% 이하를 원칙으로 하며, 대상자로 선정되면 생활비, 치료비, 학업비 등 다방면의 지원을 받게 됩니다.

구체적인 지원 사례를 살펴보면, 기초 생계비를 위해 월 65만 원 이하의 생활지원금이 지급되며, 진찰이나 수술이 필요한 경우 연 200만 원 이하의 건강지원금이 제공됩니다. 또한 학교 복귀를 꿈꾸는 청소년에게는 월 15만 원 이하의 수업료와 월 30만 원 이하의 검정고시 준비 비용이 지원되며, 직업 체험이나 기술 습득을 위한 자립지원금은 월 36만 원 이하로 책정되어 있습니다. 뿐만 아니라 심리적 안정을 위한 상담지원비와 소송 및 법률 상담을 위한 연 350만 원 이하의 법률 지원까지 제공됨으로써 위기 청소년이 사회적 배제의 고리를 끊고 다시 공동체의 일원으로 돌아올 수 있도록 돕습니다. 이러한 과정은 지자체의 심의를 거쳐 청소년 상담복지센터의 사례 관리를 통해 체계적으로 이루어집니다.

지역사회 중심의 청소년 안전망 고도화와 사례 분석

정책의 실효성을 높이기 위해서는 중앙정부의 지원을 지역 현장에서 촘촘하게 연결하는 시스템이 필수적입니다. 관계 부처 합동으로 마련된 '지역사회 위기 청소년 지원 강화 방안'에 따라 지자체 중심의 정책 협업 체계가 강화되었습니다. 특히 지자체 내에 '청소년안전망팀'을 신규로 도입하고, 이를 점진적으로 확대하여 2022년 기준 20개소였던 운영 지역을 단계적으로 늘려가고 있습니다. 이 팀에는 전담 공무원과 청소년 통합사례관리사가 배치되어 아동학대나 가정폭력, 재소자 가정 등 지역 내 고위기 청소년 정보를 통합하고, 상담, 보호, 의료, 자립 등의 특화 서비스를 연계합니다.

위기 청소년의 조기 발굴을 위한 노력 또한 다각화되었습니다. 찾아가는 온라인 상담 서비스인 '사이버 아웃리치'는 인터넷 카페나 SNS 등 청소년들이 주로 활동하는 온라인 공간으로 상담자가 직접 찾아가 위기 징후를 포착하고 지원을 연결하는 활동입니다. 거리 상담 전문 요원 역시 2018년 60명에서 2020년 115명으로 크게 확충되었으며, 지역 내 약국, 택시회사, 학원 등이 자발적으로 참여하는 '1388 청소년지원단'은 민간 차원의 촘촘한 안전망 역할을 수행하고 있습니다. 교육부와 협력하여 운영하는 학교 내 위Wee 클래스 및 위 센터와의 효율적인 연계는 학교 부적응이나 학업 중단 위기에 처한 학생들에게 상담과 치유를 즉각적으로 제공하는 기반이 됩니다.

학교 밖 청소년의 자립과 사회적 진입 성과

사회통합의 또 다른 중요한 지표는 제도권 교육을 벗어난 학교 밖 청소년들이 얼마나 안정적으로 사회에 진입하는가에 있습니다. '학교 밖 청소년 지원에 관한 법률'에 근거한 학교 밖 청소년 지원센터꿈드림는 2018년 206개소에서 2022년 220개소로 확충되었습니다. 이곳에서는 무료 급식 지원부터 청소년 생활기록부 도입, 전용 공간 조성 등 학교 밖 청소년들이 소외감을 느끼지 않도록 다양한 서비스를 확대해 왔습니다.

이러한 정책적 노력은 가시적인 수치로 증명되고 있습니다. 학교 밖 청소년의 학업 복귀 및 사회 진입 비율은 2018년 33.1%에서 2021년 41.4%로 증가하였습니다. 구체적으로 보면, 검정고시 합격 인원이 2018년 1만 425명에서 2021년 1만 1,366명으로 늘어났으며, 대학 진학 인원은 771명에서 2,166명으로 약 3배 가까운 비약적인 상승을 기록하였습니다. 이는 학교 밖 청소년에 대한 사회적 편견을 해소하고 맞춤형 지원을 강화한 '학교 밖 청소년 지원 강화 대책' 등이 실효를 거둔 결과로 볼 수 있습니다. 또한 쉼터를 퇴소한 청소년들이 청년 임대주택에 우선 입소할 수 있는 주거 지원 근거를 마련하고 자립지원수당을 지급함으로써, 가정 밖 청소년들이 노숙이나 범죄의 유혹에 빠지지 않고 안정적으로 자립할 수 있는 기틀을 닦았습니다.

치유와 보호의 인프라 확충: 미디어 과의존과 정서 장애 대응

디지털 확산에 따른 부작용 대응 역시 현대 청소년 정책의 중요한 축입니다. 129만여 명의 청소년을 대상으로 매년 인터넷·스마트폰 이용 습관 진단 조사를 실시하고, 위험군으로 분류된 청소년에게는 치유 캠프와 전문 상담을 제공하여 미디어 과의존 문제를 해결하고자 노력하고 있습니다. 특히 정서·행동 문제를 겪는 고위기 청소년을 위해 '국립청소년디딤센터'를 중앙 외에 대구 등 지역으로 확충하고, 이곳에서 약물 중독이나 사이버 도박 중독 치유 프로그램을 시범 운영함으로써 전문적인 치유 인프라를 마련하였습니다.

랜덤채팅이나 유해 업소 광고 등 청소년 유해 매체에 대한 점검과 차단 요청은 안전한 보호 환경을 조성하기 위한 선제적 조치입니다. 동시에 보호처분을 받은 청소년들이 재비행에 빠지지 않도록 청소년회복지원시설을 운영하여 비행 예방과 회복 지원을 내실화하고 있습니다. 이러한 보호와 치유의 통합 서비스는 코로나19 장기화로 정신건강 악화를 겪는 청소년들을 위한 '고위기 청소년 지원 강화 방안'으로 구체화했고, 심리적 어려움을 호소하는 청소년들에게 종합적인 복지 지원 체계를 제공하고 있습니다.

유형별 맞춤형 포용 정책과 사회적 사각지대 해소

진정한 의미의 포용은 겉으로 잘 드러나지 않는 취약계층까지 세심하게 살피는 데서 완성됩니다. 다문화 가족 청소년의 사회 적응을 돕기 위한 다양한 지원 프로그램과 청소년 한 부모의 학업 및 경제적 자립을 돕는 정책은 이들이 가진 특수성을 고려한 결과입니다. 또한 은둔형 청소년이나 수용자 자녀와 같이 발굴이 어려운 유형의 위기 청소년을 적극적으로 찾아내어 맞춤형 서비스를 제공하고 있습니다.

장애를 가졌거나 경계선 지능으로 인해 기존 복지 체계에서 소외되었던 청소년들을 위한 지원 체계 강화 역시 중요한 진전입니다. 이처럼 대상의 특성에 맞춘 유형별 지원은 사회적 배제 요소인 '낮은 교육 수준', '경제적 취약성', '지역사회 소속감 결여' 등을 해소하는 실질적인 수단이 됩니다. 사회통합이란 바로 이러한 소수자 그룹과 취약계층의 역량을 강화하고, 시민 참여의 가치를 존중하며, 평등을 보장하는 사회연대의 지표를 실현해 가는 과정입니다.

글로벌 청소년 포용 정책의 지형:
대한민국과 주요국의 비교 분석

인구구조의 변화와 정책적 대응의 시급성

청소년 정책의 방향성을 결정짓는 가장 기초적인 변수는 인구구조의 변화입니다. 대한민국의 인구 성장률은 2020~2025년 기준 -0.06%로, G7 평균인 0.12%나 미국의 0.45%와 비교했을 때 이미 심각한 마이너스 성장 국면에 진입해 있습니다. 이러한 추세는 2030~2035년에 이르면 -0.30%까지 가속화될 전망이며, 이는 이탈리아-0.38%나 일본-0.62%과 유사한 인구 절벽의 위기를 예고합니다.

더욱이 전체 인구 대비 아동·청소년0~24세 비중을 살펴보면, 대한민국은 21.20%로 미국31.08%, 영국29.01%, 프랑스28.99% 등 주요 선진국과 비교하여 현저히 낮은 수준에 머물러 있습니다. 이러한 인구학적 위기는 개별 청소년 한 명 한 명의 사회적 가치를 극대화해야 한다는 정책적 압력으로 작용하며, 이는 단순히 보호의 차원을 넘어선 포괄적 포용 정책의 수립을 요구하게 됩니다. 서구 선진국들이 청소년의 '사회적 참여'와 '역량 강화'에 집중하는 보편적 복지 모델을 지향하는 반면, 대한민국은 인구 급감에 대응하기 위해 고위기 청소년의 사각지대를 해소하고 사회적 이탈을 막는 '사회통합' 모델에 우선순위를 두고 있다는 점이 주요한 차별점입니다.

청소년 연령 정의와 법적 지위의 국제적 비교

청소년을 바라보는 관점은 각국의 법적 연령 정의에서도 뚜렷하게 나타납니다. 대한민국은 청소년기본법에 따라 9세 이상 24세 이하를 청소년으로 규정하고 있으며, 이는 학업과 사회 진입을 아우르는 긴 이행기를 정책 범위로 설정하고 있음을 의미합니다. 이러한 한국의 기준은 UN의 청소년 세계실천 프로그램이나 국제노동기구가 제시하는 15~24세 기준과 유사한 궤를 그리며, 후기 청소년기까지 국가의 지원 범위를 확장하고 있습니다.

반면, 영국이나 독일 등 유럽 국가들은 UN 아동권리협약의 정신에 따라 18세 미만을 아동Child으로 정의하고 이들의 보호권을 강조하는 동시에, 15세 이상의 청년을 위한 별도의 고용 및 자립 지원 정책을 병행합니다. 대한민국은 청소년보호법연 19세 미만과 민법19세 미만 등 법률에 따라 청소년의 범위를 다르게 설정하여 보호와 권리의 균형을 맞추려 노력하고 있습니다. 특히 세계보건기구WHO가 10~19세를 사춘기 청소년Adolescent으로, 10~24세를 청년층Young person으로 폭넓게 정의하는 흐름에 맞춰, 한국 역시 위기 청소년 특별지원 사업의 대상을 만 9세에서 24세까지 폭넓게 설정하여 사회적 배제의 가능성을 선제적으로 차단하고 있습니다.

위기 청소년 지원 체계: 한국의 맞춤형 모델과 서구의 보편적 모델

위기 청소년을 위한 지원 방식에서 대한민국은 매우 정교한 맞춤형 '사회통합' 전략을 구사합니다. '위기 청소년 특별지원 사업'은 가구 소득 중위소득 100% 이하를 기준으로 생활비_{월 65만 원} 이하, 건강지원비_{연 200만 원 이하}, 학업지원비_{월 15~30만 원 이하} 등 구체적인 지원금을 직접 투입하여 경제적 배제를 즉각적으로 해소하는 방식을 취합니다. 이는 비행·일탈 예방이 필요한 청소년이나 보호자가 없는 청소년을 직접 발굴하여 정상적인 생활로 복귀시키는 데 초점을 맞추고 있습니다.

이와 대비하여 유럽연합_{EU}의 많은 국가는 '사회연대'의 관점에서 보편적인 고용 보장과 교육 기회를 제공하는 방식을 선호합니다. 영국의 '청년 서비스'_{Youth Services}나 EU의 '유럽 청년 보장'_{European Youth Guarantee} 정책은 위기 청소년만을 선별하기보다는 모든 청소년에게 일정 기간 내 교육이나 훈련 기회를 제공함으로써 사회적 소속감을 강화하는 지표를 중시합니다. 대한민국 또한 이러한 글로벌 추세에 발맞추어 학교 밖 청소년 지원센터_{꿈드림}를 220개소까지 확충하고, 대학 진학 인원을 비약적으로 늘리는 등 보편적 역량 강화로 정책의 영역을 넓혀가고 있습니다. 특히 한국의 '지자체 청소년안전망팀'은 지역사회의 전담 공무원과 민간 전문가가 협업하여 은둔형 청소년이나 수용자 자녀 등 특수 위기 유형을 발굴하는 독창적인 한국형 전달 체계로 발전하고 있습니다.

정신건강과 보호 환경: 글로벌 과제와 한국의 특수성

청소년의 정신건강 문제는 전 세계적인 공통 과제이지만, 그 발현 양상은 국가마다 차이를 보입니다. 대한민국 10~19세 청소년의 사망 원인 1위가 '고의적 자해'자살라는 통계는 한국 청소년들이 겪는 심리적 압박이 매우 극심함을 시사합니다. 남성 7.6명, 여성 6.7명에 달하는 자살률은 서구 국가들의 청소년 사고 사망률 비중과 비교할 때 정서적 치유 인프라의 확충이 얼마나 절실한지를 보여줍니다.

이에 대응하여 한국은 '국립청소년디딤센터'를 확충하고, 약물 및 도박 중독 치유 프로그램을 시범 운영하는 등 치료 위주의 전문 인프라를 강화하고 있습니다. 또한 디지털 환경에 민감한 한국적 특성을 고려하여 129만여 명을 대상으로 하는 인터넷·스마트폰 이용 습관 진단 조사와 사이버 아웃리치 상담을 통해 미디어 과의존 문제를 적극적으로 해결하고 있습니다. 이는 영미권 국가들이 지역 중심의 스포츠 활동이나 문화 예술을 통한 사회적 처방Social Prescribing으로 청소년의 정신건강을 돌보는 방식과 차별화되는 한국만의 고밀도·전문적 치유 인프라 모델이라 할 수 있습니다.

사회통합과 사회연대의 융합적 미래

이론적으로 분석할 때, 대한민국의 청소년 포용 정책은 뵘케Böhnke가 제시한 실업, 약물 중독, 가족 해체 등 '사회적 배제' 요소를 제거하는 '사회통합'Social Integration에 근간을 두고 있습니다. 반면, 서구 선진국들은 노턴Norton과 한Haan이 강조한 시민 참여 가치 존중, 소수자 그룹 역량 강화 등 '사회연대'Social Cohesion 지표에 더 큰 비중을 둡니다.

결론적으로, 대한민국은 인구 급감이라는 특수한 상황 속에서 위기 청소년을 위한 강력한 직접 지원 정책을 통해 사회적 배제를 최소화하고 있으며, 이를 바탕으로 점차 보편적인 사회연대의 가치를 정책에 수용하고 있습니다. 쉼터 퇴소 청소년을 위한 주거 지원이나 학교 밖 청소년을 위한 전용 공간 조성 등은 한국적 사회통합 모델이 성숙한 사회연대 모델로 진화하고 있음을 보여주는 사례입니다. 단 한 명의 청소년도 소외되지 않도록 사각지대를 메우는 한국의 세심한 포용 정책은 향후 인구 변화를 겪게 될 다른 국가에도 중요한 정책적 준거가 될 것입니다

결론_사회연대를 향한 포용적 청소년 정책의 지향점

정책적 시사점과 제언: 배제를 넘어 연대로 나아가는 길

대한민국의 청소년 정책이 사회통합의 관점에서 거둔 성과를 바탕으로 볼 때, 향후 정책 설계에 있어 가장 먼저 고려해야 할 시사점은 법적 연령 기준의 정교한 정비와 행정적 일관성 확보입니다. 현재 우리나라는 청소년기본법상 9세에서 24세 이하를 청소년으로 보면서도, 청소년보호법에서는 연 19세 미만을, 근로기준법에서는 18세 미만을 기준으로 삼는 등 법령에 따라 정의가 파편화되어 있습니다. 이러한 기준의 다변성은 정책 수혜 대상의 혼선을 초래할 수 있으므로, UN이나 국제노동기구가 제시하는

15세에서 24세 사이의 국제적 기준을 참고하여 국내 실정에 맞는 연령 규정의 통합적 논의가 필요합니다. 이는 후기 청소년기에 해당하는 청년층이 정책의 사각지대에 놓이지 않도록 돕는 제도적 기반이 될 것입니다.

둘째로, 청소년의 정서적 고립과 고위기 상황을 해결하기 위해 '관계 중심의 안전망'을 더욱 촘촘히 구축해야 한다는 시사점을 얻을 수 있습니다. 통계에 따르면, 청소년의 가장 큰 사망 원인은 자살이며, 상당수의 청소년이 고민을 털어놓을 상대조차 없다는 현실은 기존의 물리적 보호 시설 확충만으로는 한계가 있음을 보여줍니다. 따라서 현재 시행 중인 사이버 아웃리치나 지자체 청소년안전망팀과 같은 조기 발굴 시스템을 더욱 고도화해야 합니다. 특히 약국이나 학원, 택시회사 등 민간 자원이 참여하는 '1388 청소년지원단'과 같은 자발적 조직을 활성화하여 청소년이 일상 속에서 언제든 도움의 손길을 느낄 수 있는 지역사회 밀착형 포용 체계를 지향해야 합니다.

셋째, 고도화된 위험 환경에 대응하는 특화된 치유 인프라의 전국적 균형 배치가 절실합니다. 미디어 과의존과 약물 및 도박 중독은 현대 청소년들이 직면한 새로운 형태의 사회적 배제 요소입니다. 국립청소년디딤센터의 사례처럼 고위기 청소년을 위한 전문 치유 시설이 성과를 내고 있는 만큼, 이를 수도권에 국한하지 않고 각 지역으로 확충하여 거주 지역에 따른 치유 격차를 해소해야 합니다. 또한, 은둔형 청소년이나 수용자 자녀, 경계선 지능 청소년 등 겉으로 드러나지 않는 '숨겨진 위기 유형'을 위한 전담 발굴 체계를 마련하여 사회적 배제의 근본 원인을 제거하는 노력을 병행해야 합니다.

　마지막으로, 청소년 정책의 패러다임을 '시혜적 복지'에서 '권리 기반의 사회연대'로 완전히 전환할 것을 제언합니다. 해외 선진 사례에서 살펴본 바와 같이, 위기 청소년에 대한 직접적인 경제적 지원은 사회적 배제를 막는 최소한의 안전장치입니다. 여기서 한 걸음 더 나아가, 청소년이 자신의 삶을 스스로 주도할 수 있도록 자립 지원과 활동 지원을 강화해야 합니다. 학교 밖 청소년들이 검정고시 합격과 대학 진학에서 거둔 성과는 적절한 기회가 주어졌을 때 이들이 보여준 놀라운 역량 강화의 증거입니다. 따라서 청소년을 사회적 비용을 소모하는 대상이 아닌 사회적 연대를 강화하는 핵심 자산으로 인식하고 시민 참여의 가치를 존중하는 정책을 수립해야 합니다.

결론: 단 한 명도 소외되지 않는 포용 국가의 완성

　결론적으로, 대한민국 청소년 정책은 인구 급감이라는 국가적 재난 상황 속에서 단순한 복지 행정을 넘어 공동체 복원의 핵심 수단으로 작용해야 합니다. 대한민국의 인구 성장률이 2030년대에 -0.30%까지 떨어지고 청소년 인구가 현재의 절반 이하로 급감할 것이라는 전망은, 우리에게 단 한 명의 청소년도 소외시키지 않을 도덕적이고 실천적인 의무를 부과합니다. 청소년 한 명의 이

탈은 곧 우리 사회 연대의 약화를 의미하며, 장기적으로는 공동체의 소멸로 이어질 수 있는 중대한 사안입니다.

지금까지 살펴본 포용 정책 사례들은 사회적 배제 요소인 경제적 빈곤, 교육 격차, 정서적 고립을 국가와 지자체가 어떻게 개입하여 해소할 수 있는지를 잘 보여줍니다. 위기 청소년 특별지원 사업을 통한 기초 생활 보장부터 학교 밖 청소년의 자립 기반 마련, 그리고 고위기 청소년을 위한 치유 인프라 확충에 이르기까지, 대한민국은 사회통합Social Integration의 토대를 성실히 닦아왔습니다. 이러한 노력은 실질적으로 학교 밖 청소년의 사회 진입 비율을 높이고 자살이나 범죄와 같은 비극적인 선택을 예방하는 성과로 나타나고 있습니다.

하지만 진정한 의미의 포용은 여기서 멈추지 않습니다. 본 장에서 논의한 사회통합의 저해 요소들을 제거하는 단계를 넘어 소수자와 취약계층의 역량을 강화하고 평등한 권리를 보장하는 사회연대Social Cohesion의 단계로 진입해야 합니다. 소득 수준이나 가정 환경, 정서적 상태와 관계없이 모든 청소년이 자신의 잠재력을 발휘할 수 있는 사회, 그것이 우리가 지향해야 할 포용 국가의 모습입니다. 해외의 보편적 청년 보장 정책이나 지역 중심의 사회적 처방 사례와 비교했을 때, 한국의 정책은 이제 막 정교한 맞춤형 지원 체계를 갖추기 시작했습니다.

최종적으로, 청소년 포용 정책은 인구 절벽의 위기를 기회로 바꾸는 가장 지혜로운 투자가 되어야 합니다. 청소년들이 겪는 아품을 개인의 나약함으로 치부하지 않고 공동체의 책임으로 수용할 때, 우리 사회의 연대는 더욱 단단해질 것입니다. 본 글에서 제시한 정책적 시사점과 제언들이 실무 현장에 반영되어, 모든 청소년이 안전한 보호망 안에서 각자의 꿈을 키울 수 있기를 기대합니다. 사회적 배제의 그늘을 걷어내고 빛나는 사회연대의 시대로 나아가는 길, 그 시작과 끝에 바로 우리 청소년들이 서 있습니다.

참고문헌

검찰청. <범죄분석통계>. 서울: 대검찰청, 2023.

통계청. <2022년 사망원인통계>. 서울: 통계청, 2023.

통계청. <장래인구추계: 2023년>. 서울: 통계청, 2023.

여성가족부. <2023년 청소년종합실태조사>. 세종: 여성가족부, 2023.

박선영. <사회통합의 관점에서 청소년 포용정책 사례 발표 자료>. 발표 자료, 2025.

대한민국. <청소년기본법>. 대한민국 법령정보센터, 2023년 기준.

대한민국. <청소년복지지원법>. 대한민국 법령정보센터, 2023년 기준.

대한민국. <청소년보호법>. 대한민국 법령정보센터, 2023년 기준.

대한민국. <근로기준법>. 대한민국 법령정보센터, 2023년 기준.

Böhnke (2004) & Norton & Haan (2013). 사회통합과 사회연대의 이론적 비교 모델.

International Labour Organization (ILO). *Minimum Age Convention*, 1973 (No. 138). 1973.

United Nations. *Convention on the Rights of the Child*. Adopted November 20, 1989.

United Nations, Department of Economic and Social Affairs, Population Division. *World Population Prospects 2022: Summary of Results*. New York: United Nations, 2022.

World Health Organization (WHO). *WHO Guidelines on Child Labour and Health*. Geneva: WHO, 2023.

6장

K-문화 속 이방인

: <미씽: 사라진 여자>에 나타난 이주여성 차별

박혜인

연세대학교에서 신학(BA, 2011)을 전공하고
시카고 대학교 신학부에서 박사학위(PhD, 2022)를 취득하였다.
현재 기독교윤리실천운동(기윤실) 윤리연구소 연구위원으로 섬기고 있다.
기독교 영성과 감성으로 기술 시대에 도외시된 사람과
자연의 존엄을 비추는 신학을 고민하고 있다.

영화 <미씽: 사라진 여자>(2016)의 한국계 중국인 한매
(공효진 역)는 '다문화'로 묶인 결혼이주여성들의 소외를
대변한다. 시혜적 온정주의의 배제와 차별을 직면하는
이주여성 중 중국동포 묘사는 K-문화의 뿌리 깊은 혐오
를 반영한다. 민족감정을 넘어 헬라파 유대인 동포와의
화해와 환대에 나섰던 사도 바울의 사역은 K-문화의 시
선과 의식에 울림과 도전을 시사한다.

공감의
울림으로

환대의
몸짓으로

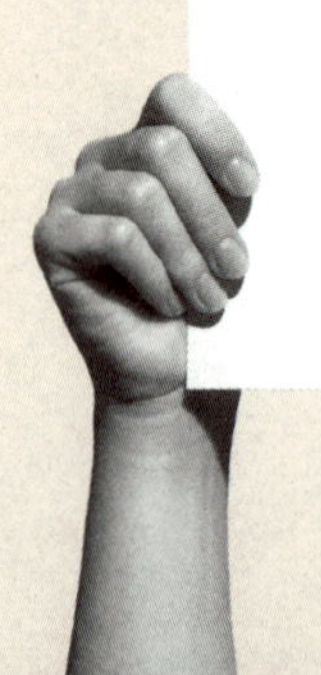
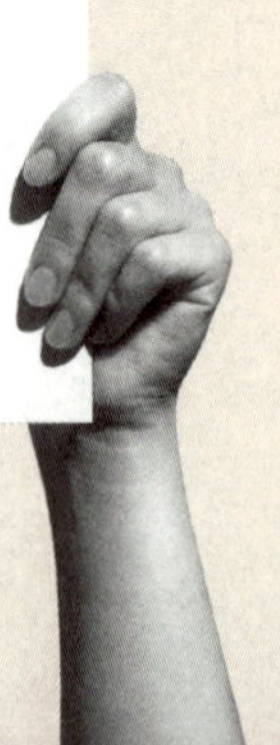

K-문화의 현주소: 혐중정서와 타자의 추방

2025년 10월, 아시아태평양경제협력체APEC 정상회의가 우리나라 경주에서 열리는 동안 혐중 시위가 이목을 끌었습니다. 이에 앞서 4월에는 광진구 '양꼬치 골목'에서, 그리고 더 눈에 띄게는 7월과 9월에는 '천멸중공天滅中共'이라는 글귀가 쓰인 깃발을 휘날리며 중국 이주민이 밀집된 것으로 알려진 서울 대림동에서 폭력적인 집회가 열린 바 있으며, 이에 항의하는 시민들이 대항 시위로 맞불을 놓기도 하였습니다. 대림동은 2017년 관객 560만을 동원한 영화 <청년경찰>이 잔혹한 범죄 소굴로 묘사하는 공간으로서 중국동포들이 대거 거주하는 '서울 속 차이나타운'으로 여겨지고 있습니다.[1] 그해 9월 1일, 대림동 중국동포들이 대책위를 발족하여 <청년경찰> 상영 금지를 촉구했지만, 법원은 3년 뒤 영화 제작사에 "중국동포에 사과하라"는 권고를 내렸을 뿐, 지금 이 문제를 기억하거나 공론화시키는 움직임은 거의 보이지 않습니다.[2]

대한민국의 99%가 민족적으로 단일민족인 한국인이 거주한다는 통상적 이해는 오늘날 수정을 필요로 합니다. 법무부 통계청

자료에 따르면, 현재 대한민국에 거주하는 인구 5.2%인 265만 명은 외국인입니다. 이들 중 중국 출신이 2024년 기준 체류 외국인의 총 36.2%958,959명를 차지하고 있습니다. '중국 출신'의 범주 아래 70만을 상회하는 인구가 바로 '조선족'으로 일컬어지는 한국계 중국인들입니다. 그들은 1992년 한중 수교를 기점으로 주로 취업을 위해 한국으로 돌아온 동포들입니다. 그러나 그들은 '한국=한국인=한민족'의 틀이 강고한 우리 사회에서 '경계인'의 주변부에 자리 잡고 있습니다. 30-40대 조선족 여성 94명을 대상으로 한 조사에서, 중국 정부의 유화정책으로 인해 별다른 차별을 경험하지 않았던 83.53%는 오히려 조상과 민족의 고국인 한국에서 차별을 경험했다고 답했습니다.[3]

현재 한국에 체류하는 18만 명의 결혼 이주자 중 12,713명은 조선족 여성입니다. 오늘 소개해드릴 영화 <미씽: 사라진 여자>2016년 개봉의 여주인공 한매공효진 역 또한 재중동포在中同胞 곧 조선족 이주여성입니다. <미씽>은 조선족 여성이 주인공으로 등장한 첫 영화이면서 한매의 헌신적 모성과 좌절, 그리고 복수극을 다룬 미스터리 스릴러로 비평가들의 주목을 받았지만, 개봉 당시 흥행에는 실패하였습니다.

최근 잇달아 시민들을 경악하게 하는 혐중 소동들을 돌아보며 기실 언론이 이러한 사건을 보도하지 않으면 K-정서, K-문화의 타자로서만 조명되는 우리 동포들에 대해 궁금해졌습니다. 한국 드라마와 영화의 인기가 '세계적으로' 높아진다고 할 때, 우리가 주목하는 세계는 주로 미국과 유럽을 지칭합니다. 서구 시장에서 소비되는 차원 이면에, 우리 사회 안의 "'비서구인'-동남아시아인, 아프리카인, 고려인러시아, 조선족중국, 새터민북한들-"은 어떻게 살고 있는지, 언론도 문화계도 무관심할 때가 많습니다. 같은 이주민이라 해도 노골적으로 처우가 다른 것은 한국 사회의 "이분법적인 인식", 곧 "서구 우월주의와 백인 문명에 대한 선망"이 차별과 배제의 문화, 문화의 경계와 위계를 끊임없이 재생산하기 때문은 아닌지 묻게 합니다.[4]

2025년 9월 4일, 현대-LG 건설현장에서 일하던 300여 명의 한국 노동자들이 미국 이민단속국에 체포되어 범죄자처럼 구금되었던 악몽 같은 사건도 있었습니다. 조금 비판적이고 무거운 시각으로 이민자를 추방하고 배제하는 K-문화의 어두움을 다루려는 것은, 바로 이러한 한국 사회의 자기 인식 저변에 깔린 혐오가 타지의 이방인으로서 한국인들이 받을지도 모를 무서운 차별과 연결되어 있기 때문입니다. 한국 사업장에서 이주노동자에 대한 차마 입에 담을 수 없는 폭력이 대서특필될 때마다, 이민자에 대한 혐오를 부르짖는 설교가 강대상에서 울려 퍼질 때마다 고통스러운 것은, 바로 '우리' 민족 우리 '시민'들 또한 이주민일 수밖에 없는 외국에서 취약함과 비참함을 겪을 수 있기 때문입니다.

러시아에서 한국으로 귀화해 화제가 되었던 박노자 교수는 한국인의 '지엔피GNP 인종주의'를 꼬집습니다. GNP가 높은 "선진국 백인 출신" 앞에서는 주눅 들어 특혜까지 주며 떠받드는 반면,

"후진국 출신이나 유색인종을 깔보는" 시선과 태도가 팽배하다는 것입니다.[5] 과연 우리 시민사회에 대한 이러한 비판이 정당한 것인지를 두고 국민 정서의 현주소를 이해하고 절감할 필요가 있어 보입니다.

<미씽>의 이주여성 난민화, 다문화의 게토화

영화 <미씽>은 두 어머니를 보여줍니다. 먼저 가부장적 한국 사회 속에서 딸의 양육권을 지키기 위해, 지선엄지원 역은 영화 홍보에 매진하며 바쁘게 일합니다. 집을 비울 때가 잦은 지선은 집에 있을 때도 일을 해야 하기 때문에, 딸인 다은이를 돌보는 것은 그녀의 조선족 유모 한매의 몫입니다. 영화 <미씽>이 재현하는 한매는 이주여성이지만, 우리와 민족성을 공유하는 K-문화의 이방인입니다. 한매는 비록 한국어가 서툴지만 다은이를 아끼고 잘 돌보기 때문에, 지선은 보모인 한매에게 의존하고 그녀를 신뢰합니다. 그런데 초과근무를 마치고 돌아온 어느 목요일 저녁, 한매와 다은 이 둘은 집에 없었고 밤이 늦어도 돌아오지 않자, 지선은 절박하게 딸과 보모를 찾아 나섭니다.

싱글맘인 지선은 시어머니에게 얻어맞고 변호사와 경찰들로부터 양육권 소송에서 질 것을 대비하여 다은이를 빼돌린 것이 아니냐는 의심과 질책의 대상이 됩니다. 지선은 아무도 자신의 말을 믿지 않자, 기자로 일했던 경험을 살려 스스로 한매의 파란만

장했던 한국 생활을 파헤쳐 나갑니다. 그 와중에 스스로 수배의 대상이 되기도 합니다. 서사가 전개되면서 지선은 보모였던 한매의 진실, 그녀의 국적, 가정, 직업 모든 것이 매우 어둡고 잔인했음을 깨달았고, 부지불식간에 딸을 잃은 피해자에서 자신 또한 K-문화의 가해자였음이 드러나며 충격을 받습니다.

지선과 한매 사이에는 계층과 지위의 커다란 격차가 있습니다. 우선 조선족인 한매는 한민족임에도 불구하고 언어 능력이 부족하기에 '한국인'으로 인정받거나 대접받지 못합니다. 한매와 같은 여성은 한국 사회에서 사회적 이동 가능성이 없는 외국인일 뿐입니다. 영화는 지선 또한 직장과 가정에서 워킹맘으로 만족스럽지 못한 삶을 영위해야 하는 가부장적 질서의 부당함을 보여줍니다. 그러나 상대적으로 엘리트 여성인 지선과는 달리, 한매의 삶은 가혹한 억압과 학대의 연속입니다. 지선과 한매는 둘 다 여성으로서 K-문화의 억압적 규범의 희생자이지만, 그들의 삶과 투쟁의 결은 매우 다릅니다. 한매와 같은 이주여성들은 할당된 노동을 수행할 때를 제외하면 그 존재가 거의 눈에 띄지도 않습니다. 지선이 한매에 대해서 알고 배우게 된 것 또한 오로지 딸인 다은이와 함께 그녀가 실종된 순간부터입니다.

한매의 본명은 김연. 그녀는 '농촌 총각 장가보내기' 정책에 따라 충청도로 들어오고, 장애가 있는 농촌 총각 석호와 결혼합니다. 한매는 분명 합법적으로 결혼하며 이주한 신분이지만, 부계 가계를 계승하길 원했던 남편과 시어머니의 기대와는 달리 선천성 간도 폐쇄증을 앓는 딸을 낳습니다. 가족들은 딸 재인이를 외면합니다. 결국 한매는 아이의 병원비를 마련하기 위해 불법 안마시술소에서 성매매에 종사하고, 심지어 장기 매매까지 감행합니다. 이러한 착취와 주변화를 감당했음에도 아이의 유일한 법적 보호자인 남편이 치료를 거부하고, 재인이는 어느 의사 부부의 딸을 치료하기 위해 병실에서 쫓겨나자 한매는 탈주를 결심합니다.

한매는 한국 사회의 일원이 되기 위해 사투를 벌이지만 소외 계층으로 내몰리는 결혼이주여성을 대표합니다. 영화가 사회의 인식을 투영시킨 매체라고 할 때, 그녀의 모습은 우리가 일반적으로 그리는 한국/한민족 여성이 아닌 "가장 억압받고 있는 하위주체… 제3세계, 여성, 노동자"의 전형이라고 할 수 있습니다.[6] 1894년 갑오경장 때 신분제가 공식적으로 폐지되었다고는 하지만, 한 세기가 채 지나지 않아 전 세계는 신자유주의 질서를 맞이하게 되었고, 이제 전통적 신분 대신 노동과 임금의 격차가 새로운 '계급階級'의 기준이 되고 있습니다. 지위와 등급이 나뉜다는 것은 누군가가 더 우월하고 누군가는 열등하다는 의식적 혹은 무의식적 분리를 가져올 수밖에 없습니다. <미씽>의 지선은 기자 출신의 워킹맘이며, 그녀의 집에서 유모로 일하고 있는 한매와의 관계는 '국민여성'과 '이주여성'의 위계화를 반영하고 있습니다. 한매와 같은 이주여성이 우리 사회의 최말단에서 내국인들이 기피하는 돌봄노동을 도맡는 "글로벌화의 하녀" 역할을 수행하고 있는 것입니다.[7]

글로벌 하녀와 하인, 한국 사회에서 그 누가 어떤 자리를 점유하고 있든 평등사회를 지향하는 민주공화국에서 참으로 귀에 거슬리는 표현이 아닐 수 없습니다. 불편한 현실에 대해 우리는 언급하지 않거나 문제가 아예 사라져 보이지 않게 되기를 바랍니다. 그러나 외면한다고 해서 불평등하고 억압적인 구조가 바뀌지는 않습니다. <미씽>의 한매가 감내한 현실은, "국제 이주여성이 수용국 내부 집단이나 개인에게 소비되고 파괴되는 과정", 즉 "'난민화' 되어가는 과정"으로 읽힐 수 있습니다.[8] 정치적 혼란으로 인해 국적을 잃은 난민들처럼, 대를 잇기 위해 이주하는 여성들은 비록 합법적으로 입국한다 해도 사회 내의 평등이 보장되지는 않습니다.

> 관용은 그 대상이 되는 요소를 주인 안으로 편입시키는 동시에, 그 대상의 타자성otherness을 계속 유지시킨다. 이질성이 완전히 사라지면 관용의 필요성 역시 사라질 것이다. 이질성은 통치의 방식을 통해 관리된다. 겉으로는 정의를 표방하는 관용은 이런 식으로 특정한 대상을 편입을 통해 관리하는 동시에, 계속해서 이들에게 외부인의 자리를, 더 나아가 정치체나 사회체에 대한 잠재적인 위협의 자리를 할당하는 행위이다.[9]

<미씽>의 한 충격적인 장면에서, 필리핀 여성 쑤안과 결혼한 마을 이장이 찾아와 한국어 교실에 함께 다닐 것을 제안하자 한

매의 시어머니는 이들을 쫓아냅니다. 남편은 거절의 이유를 이렇게 말합니다.

"한국말을 배우면 한매가 도망갈지도 모른다!"

아들도 낳지 못한 한매는 남편과 시어머니에게 있어 차라리 그 이질성이 유지되는 것이 편리한 가부장적 질서의 "재생산 도구"로 철저히 대상화되고 있습니다.[10] 한국어를 배울 기회를 박탈당해 K-문화에 동질화하지 못하는 이주여성 한매는 "합법적"으로 한국에 들어왔음에도 불구하고 "한국 사회의 주변부"인 시골 가정에서 삶다운 삶을 차단당합니다. 그러나 한매를 "소비하는" 것은 남편과 시어머니뿐 아니라, "모성을 구현하는 '돌봄의 대리자'로 한매를 고용"하는 지선이기도 합니다. 가족들은 전통적인 부계 혈통을 강요하고, 위장 취업한 보모로서의 책임 또한 자본주의 사회에서 부차적으로 밀려난 아이 돌봄의 굴레를 벗어나지 못합니다. 그렇게 한매를 "소비"하고 '난민화'의 길로 내모는 주체는 결국 어느 한 개인을 넘어서 K-문화 구조를 지배하는 "자본주의 시스템"과 "가부장적 가족제도"로 귀결됩니다.[11]

<미씽>의 한국계 중국인 여성 묘사는 중국의 급변하는 경제적 위상을 고려할 때 굉장히 문제적입니다. <미씽>이 개봉된 2016년은 제2차 외국인 정책 기본계획과 제2차 다문화가족 지원정책 기본계획 후기로 결혼이주여성의 이주 정착기에 해당합니

다. 1992년 한중 수교를 토대로 2000년대를 거쳐 동포이주민 여성들은 한국인 남편과 자녀들을 낳아 이 땅에 정주하기 시작합니다. '다문화' 가족이 늘어나자, 정부는 2006년에 '여성 결혼 이민자 가족의 사회통합지원'을, 2008년에는 '다문화가족지원법'을 제정하고, 이후 '제1차 다문화가족 지원정책 기본계획2010-2012년'을 마련합니다. 이러한 정책들이 소개된 데는 물론 "결혼이주여성을 통해 저출산 위기를 극복하고자 하는 국가의 욕망"이 투영되어 있습니다.[12] 실제로 90년대까지만 해도 언론에서 조선족이 '한민족의 뿌리'임을 강조하며 비교적 우호적으로 호명했던 시기가 있었습니다. 여기에는 "농촌 사회의 부계혈통을 지속시켜야 했고 탄광지역, 버스운전자, 원양어선의 선원, 돌봄 노동 등 각 업계의 부족한 3D 노동력을 메워야" 하는 다분히 경제적인 이유가 있었습니다.[13]

그러나 공동체와 사회를 함께 꾸려간다는 것은, 특정한 수단을 달성하기 위해 사람을 들여온다는 인식과 실천이 충돌하며 이를 넘어설 수밖에 없습니다. 그런데 미녀들의 수다, 다문화 고부열전과 같은 프로그램을 제외하면 이주여성의 삶을 접할 수 있는 매체는 그리 많지 않습니다. 1년에 한 번 국내 최대 외국인 밀집지역인 안산 다문화 특구의 '통합축제'에 대해 뉴스에서 보도하기는 합니다. 다문화가족들이 K-팝에 맞추어 춤추고 노래하는 모습을 보면서 변화하는 한국 사회를 긍정적으로 평가할 수도 있지만, 연구자들은 일회성의 보여주기식 "이벤트"로 이주민들이 도리어

"게토화"되는 것은 아닌지 우려하고 있습니다.[14] 전교생의 43%가 다문화인 학교가 늘어나고 농촌 이장이 5개 국어를 배우는 등 지역 사회가 눈에 띄게 변해가고 있습니다. 하지만 지금까지의 다문화 정책이나 국제결혼 장려정책이 K-문화에 내재된 이방인에 대한 이중적이고 배타적인 시선, 인종차별, 계층차별, 순혈주의를 해소해 나가고 있는지는 의문입니다. <미씽>이 극대화시킨 한매의 경험이 보여주듯, 이주여성, 특히 재중동포 여성에 대한 K-문화의 인식은 "시혜적 온정주의"를 기반으로 하기 때문에 이주민의 "하위 계층화"를 도리어 공고히 하고 있다는 비판을 받고 있습니다.[15]

내면화된 식민질서: GNP 인종주의와 문화 서열화

문화 교류를 통한 조화가 아니라 한국 문화로의 일방향적인 동화, 심지어 예속을 사회가 당연시하는 데는 의식뿐 아니라 국민의 마음속 깊이 암묵적인 동의가 있기 때문은 아닐까 하고 생각해 봅니다. 일부 한국 서민 중에는 결혼이주민들이 정부의 혜택을 받는 것에 대해 불만을 품는 사람들도 있습니다. 이는 한국의 경제 양극화와 사회적 위계 속에서 차별과 배제를 경험한 내국인에게 인지상정입니다. 그러나 더 큰 문제는 이러한 '계급'의 불만을 이주민 혐오로 언제든 풀어낼 수 있다는 '민족'의 이름과 존재입니다. K-문화에 대한 자부심과 한민족에 대한 애착이 뿌리가 깊을

수록 우리 국민의 삶에 이주여성들이 짊어지고 오는 다문화는 쓸데없이 버거운 짐으로 여겨지는 세태입니다. 내국인이 도외시하고 기피하는 일과 몫을 감당하기 위해 이주여성들을 끊임없이 필요로 하는 것은 바로 우리임에도 불구하고 말입니다.

추세가 이러하니 이주여성과 그들의 문화를 무조건 우선시하자는 말씀을 드리는 것은, 결코 아닙니다. 한매와 같은 재중동포들과 달리, 한국으로 유입되는 다문화 가정의 종교와 문화가 제기하는 다원성의 충돌에 대해서 세계기독교 역사, 선교학, 정치외교학, 사회학 등 문화 인류의 지혜를 모아 머리를 맞대야만 통전적으로 이해하고 대응할 수 있을 것입니다. 성서는, 이스라엘의 원수인 모압 출신의 여인이었던 룻이 시어머니 나오미를 향한 극진한 효심과 연대, 보아스의 환대로 유대 왕 다윗의 조상이 되는 '이주여성'의 원역사를 들려 줍니다룻4:13-22. 우리의 얽히고설킨 역사 속에서 한매와 같은 조선족 여성들을 한국 사회가 품지 못하는 정서도 이해는 됩니다만, 이들이 K-문화의 영원한 이방인으로서, 살아 있지만 우리 사회의 성원으로 '존재'할 수 없는 현실은 돌이켜보면 결코 말씀에 근거한다고 볼 수 없습니다. <미씽>의 한매에게는 나오미와 같은 시어머니, 보아스와 같은 남편도 없습니다. 같은 민족의 땅에서 난민으로 타자화된 한매는 결국 자기를 배제시킨 이들에게 복수를 감행하고, "참을 수 없는" 한국 사회를 거부하며 바다를 선택합니다. "영화의 제목처럼" 한매는 "사라진 여자"가 되지만, 영화 속 그녀의 삶과 죽음은 지워지지 않고 짙은

바다만큼이나 강렬한 인상을 남깁니다.[16]

앞서 언급했던 GNP 인종주의로 돌아가 보려 합니다. "인종"이라는 말은 본디 세계 지배를 정당화하기 위해 제국주의 열강이 고안한 개념이라고 합니다.[17] 당시 제국주의를 본격화한 것은 유럽이었고, 식민 지배를 위해 이들에게는 자신들과 피식민지가 되어야 할 "동양"을 근본적으로 차별화시킬 필요가 있었습니다. "이분법적인 위계질서"와 "열등한 식민 국가"가 존재해야만 "유럽을 세상의 중심에 두고… 유럽의 식민 지배를 정당화"할 수 있었기 때문입니다. 팔레스타인 태생의 철학자 에드워드 사이드Edward Said, 1935-2003는 이러한 사고를 "서양인의 경험과 인식 속에 자리하는 동양에 대한 집단적 관념", 즉 "오리엔탈리즘Orientalism"이라고 정의한 바 있습니다.[18]

아시아와 아프리카 대륙 전역이 유럽의 식민으로부터 독립한 것은 20세기 중반 제2차 세계대전과 냉전을 거친 뒤였습니다. 오늘날 이전에 식민지였던 나라들이 열강으로 부상하며 국제질서가 급변하고 있지만, 아직도 식민의 유산과 영향력을 앓고 있는 민족들의 눈물은 마르지 않고 있습니다. 역사는 식민 통치에 공식적으로 종언을 고했지만, 전 세계가 신자유주의 경제로 편입되면서 무역과 투자의 이름으로 충돌하며 새로우면서도 익숙한 형태의 전쟁들이 곳곳에서 터져 나오는 비극이 연출되고 있습니다. 기술과 지식, 정보는 이미 인간의 한계를 뛰어넘는 것을 목표로 미래 패권의 중심 요소가 되고 있는 반면, 이익을 창출하지 못하는 사람이나 뒤처진 사람의 가치는 곤두박질쳐 주변화되고 맙니다.

'서양'과 '동양'을 나누었던 오리엔탈리즘은 사라진 것이 아닙니다. 이제 오리엔탈리즘은 내면화되어 우리 사회에 새로운 위계질서를 부여하고자 합니다. 공동체에 위계를 세우고, 나와 우리가 아닌 이방인을 혐오, 멸시, 차별하는 예시는 성경에서도 빈번하게 나타나지만, 영화 <미씽>을 거듭 돌려보며 자랑스러운 우리 문화의 어두운 단면을 비추게 되어 씁쓸함을 감추기 어렵습니다. 대한민국은 일제 식민과 근현대사의 온갖 굴곡을 극복하고 세계에 우뚝 서게 되었지만, 결국 그 이면에서 한매와 같은 조선족 여성들이 K-문화에 도사리고 있는 "오리엔탈리즘을 재확인"시키는 양상이 되고 말았기 때문입니다.[19] 초국적 기업이나 고소득 전문직에 종사하는 외국인 여성이 아니라면, 결혼이주를 택해야만 하는 많은 이들은 이제 경제적 위상이 떨어지는 나라에서 왔다는 비하를 피할 길이 없습니다. 21세기 K-문화는 농촌의 결혼이주여성이나 이주노동자를 대할 때 우월감을 표출할 수 있는 위치를 점하게 되었습니다. 글로벌을 지향하는 K-문화는 스트리밍 서비스의 기록을 갈아치우고 있다지만, 우리가 '다문화'로 지정한 이주민의 국가와 문화에 대해서는 어떤 태도와 실천을 보여주고 있을까요? 언론 보도와 영화 <미씽>이 증언하는 현실 속에 '순수'한 K-문화와 대비되는, "빈곤국 문화에 대해서는 배제하는 '문화의 이분화와 서열화'"의 흐름은 사뭇 자명해 보입니다.[20]

추방의 시선에서 그리스도의 환대로

<미씽>의 절정은 의사 부부의 아이, 바로 지선의 딸인 다은이를 빼앗기지 않으려고 갑판에서 대치하는 지선과 한매를 포착합니다. 중국으로 가는 배에 오른 한매는 안마시술소에서 인연을 맺은 현익의 도움으로 자신을 학대하고 딸을 방치한 남편을 살해했습니다. 병실에서 쫓겨난 밤 숨을 거둔 딸 재인이는 한매의 유일한 사랑이고 존재 이유였지만, 딸마저 없는 지금 그녀는 한국 땅에서 모든 것을 잃고 고향으로 가려고 "경계에 선 것"입니다.[21] 그러나 엄마 대 엄마로서, 죽음으로라도 한매의 딸 재인에 대한 책임을 지겠다는 지선의 절규를 듣고 한매는 다은이를 돌려줍니다. 그리고 자신은 바다에 뛰어듭니다.

<미씽>의 한매는 오로지 중국어로만 자기 마음을 온전히 표현할 수 있습니다. 그래서 세상은 그녀에게 귀 기울이지 않지만, "그녀의 슬픈 소리"중국어 자장가는 병실에 입원한 다른 아기들을 잠재우기 때문에 다른 환자들과 간호사는 한매의 존재를 기억하고 있습니다.[22] 한국어 교육마저 차단한 남편과 시어머니와는 달리, 한매를 마음에 두고 있는 안마시술소의 브로커 박현익은 그녀에게 한국말을 가르쳐주기도 합니다. 그러나 한매가 다은이와 함께 사라지기 전까지 여주인공인 지선에게조차 한매의 자장가는 그저 신기한 소리이자 우는 딸을 달랠 수 있는 수단이며, 그녀를 사회로 초대하는 언어가 될 수 없습니다. 이처럼 한매는 민족적으로

는 우리 동포이지만 중국 출신이기 때문에 K-문화의 일부로 포섭되지 않고 두 한국 가정에서 각기 다른 방식으로 배제됩니다. 정착의 유일한 희망이자 자신의 모든 것인 재인을 위해 한매는 모진 시련들을 견뎌내지만, 딸의 죽음은 엄마라는 정체성과 함께 존엄의 마지막 보루를 무너뜨립니다. "바다라는 근원적인 여성 상징으로의 귀환"을 선택한 한매가 육지에서 점점 멀어지면서 그녀의 삶에서 가장 행복했던 한때가 스크린으로 떠오릅니다.[23]

> 한매, 태중의 재인에게 중국어로 읊조린다: 예쁘다. 항상 고운 것만 보고 좋은 것만 듣게 엄마가 지켜 줄게. 우리 아가를 세상에서 가장 행복한 아가로 만들어 줄게. 엄마가 그렇게 해줄게. 사랑해 내 아가….[24]

이때 지선 또한 바다로 몸을 던져 한매를 구하려 하지만, 한매는 지선의 손을 잡는 대신 딸 재인이를 위해 수놓았던 조각보를 안고 깊은 바다로 가라앉습니다. "냉동고 속에 잠든 듯이 죽어 있던 재인과 차가운 바닷속에 수장水葬된 한매 모녀의 비극"은 보는 이를 먹먹하게 만듭니다. 이상적인 낭만주의를 기대했던 것은 아니지만, 시작부터 끝까지 한매 모녀에게 영화는 지나치게 가혹합니다. 바다에서 구조되어 다은이와의 삶을 회복하는 지선과는 달리, 선택지가 제거된 한매의 죽음은 K-문화의 이방인으로 경계에서 고통받던 그녀가 "영원한 이방인"으로 가부장적 선고와 처벌을 수용할 수밖에 없는 현실을 고발합니다.[25] <미씽>은 흥행에 성공한 <청년경찰>의 조선족 조폭 대신 결혼이주여성을 주인공으로 내세우고 있지만, 여기서 여전히 재중동포들을 "폭력과 불법, 공포를 주는 존재"로 묘사하고 있습니다. 딸을 위해 모든 것을 내어줄 수 있는 어머니를 동원하고 있지만, 살인과 불법 매매에 가담하게 되는 한매는 "이주여성과 조선족"이라는 정체성과 이를 바라보는 한국의 문화적 시선에 묶여 비극을 벗어나지 못합니다. 만일 그녀가 갱생을 원했다고 한들, 과연 "스스로 선택한 죽음보다 나은 삶이 보장된다고 할 수 있을까", 노동과 결혼이라는 초국가적 자본주의의 굴레, 가부장제의 폭력과 이를 투영한 "영화적 폭력성"이 관객에게 남기는 깊은 의문입니다.[26]

영화가 "대중의 지배적인 심리 성향과 내적 태도"와 "한 시대의 역동적 정신 과정"을 드러내는 매체라면, <미씽>에 재현된 이주여성 차별로부터 타자를 '추방'하는 K-문화의 불편한 일면을 마주할 수밖에 없습니다.[27] 한국과 중국의 위계와 차별은 언어 사용 습관에서도 드러납니다. 난무하는 비속어는 입에 담기조차 힘든데, 조선족·한국계 중국인·재중동포라는 공식적인 호명도 잘 듣지 못하는 것이 우리네 현실입니다. 조선족이 폭력과 범죄에 아예 연루되지 않았다는 이야기가 아니라, 이 둘이 마치 짝패처럼 등가적으로 연상되도록 하는 사회의 분위기가 문제임을 지적하는 것입니다. 2025년 10월 27일에 재외동포청이 공개한 경찰청 통계에 따르면, 외국인 범죄는 전체 1.3%에서 2.4% 수준입니다.

체류 중인 외국인이 우리나라 전체 인구의 5%를 차지한 것이 얼마 안 되기 때문에 당연히 우리 사회에서 저질러지는 범죄의 대부분은 내국인 책임인 경우가 훨씬 많다는 것입니다. 그러나 탈진실 사회에서 우리의 확증편향은 이주민을 타자화시키는 수사修辭나 보고 싶은 이미지만 골라 투사하는 알고리즘에 쉽게 동조하기 일쑤입니다.

> 상업영화들의 민속지학으로서의 권력은 단순히 조선족 여성이라는 정체성과 조선족 사회라고 하는 커뮤니티를 창조해낸다는 것이 아니라 이들이 한국인 여성이나 한국인 사회와 본질적으로 다르다는 점을 강조함으로써 한국 중심적인 오리엔탈리즘을 가속화⋯ '순수', '자연', '야성', '미개발'이나 '저개발'의 표상으로 향수를 자극하는 동시에 야만적인 '동양 속의 동양 여성'과 '동양 속의 동양 사회'를 창조해냄으로써 이들과는 상이한 한국의 헤게모니를 재확인⋯ 국내 체류하는 여성 인구들의 인종적, 민족적 지형도는 급속도로 다변화되기에 이르렀지만 이주여성들에 대한 한국 상업영화계의 관심은 지극히 선별적⋯.[28]

한국 영화가 선호해온 스크린 속 조선족은 K-문화가 갖고 있는 혐오와 우려, 두려움을 재현하는 동시에, 결국에는 정의로운 K-문화에 의해 적법하게 '처단'되어야 할 악역을 맡은 이들이 아닐까요? 민족과 국적이 아예 다른 이주민들보다 어눌한 한국어

와 유창한 중국어로 K-문화에 이질성을 유입시키는 불편한 '집단'
으로 우리 동포들이 타자화되고 있습니다. 한매가 표방하는 중국
계 한국인 결혼이주여성은 우리 사회 '내부의' 이방인으로서 현재
대한민국 전국 국민의 0.02%를 차지합니다. 한매는 K-문화가 표
방하는 가치 안에 진정한 개방성과 다양화, 그리고 관용과 환대
의 정신이 깃들어있는지, 또 깃들 수는 있는지 묻게 합니다. 유럽
의 오리엔탈리즘이 동아시아에 퍼트린 가장 큰 사회적 악 중 하
나는 바로 식민적 인식과 습관, 곧 서로 다른 아시아 국가들을 분
열시키는 민족적 우열의식이라고 할 수 있습니다. 한국 사회는 이
의식의 오랜 피해자이고 희생자였지만, 이제 얼마든지 가해자가
될 수 있고, 또 이미 동포인 이주민들을 파괴하는 가해자로 변모
한 것입니다. 이는 민족을 고양시키고 통합하는 의식이나 한민족
에 대한 사랑과 너무나 가까운 정서이기에 더욱 위험합니다.

복음서의 예수께서는 유대를 짓밟았던 헬라인의 자손이기에
'개처럼' 취급받아 마땅했던 수로보니게 여인의 딸을 치유해 주셨
을 뿐 아니라^{막7:26-27}, 로마의 하청업자로서 세금을 취해 온갖 혐오
를 받았던 삭개오가 '아브라함의 자손'으로서 공동체에 다시 통합
될 수 있도록 구제와 자선의 기회를 주셨습니다^{눅19:2-9}. 이 외에도,
충분히 그럴만한 이유로 미움받던 이방인과 소외되고 주변화된
동포들에 대한 그분의 환대를 이 짧은 글에 다 옮겨적을 수는 없
습니다. 눈에 띄는 것은, 식민 지배로 고통받던 나라에서 선진화
의 상징이 된 우리 사회가 인종, 민족, 국적, 언어, 직업, 계층, 교

육 조건 등의 편협한 차이를 들어 사람을 차별하고 멸시하는 모습이 그리스도의 사역에 서로 대비되어 비추는 지점입니다.

나오면서

그러므로 이제부터 너희는 외인도 아니요 나그네도 아니요
오직 성도들과 동일한 시민이요 하나님의 권속이라 _엡2:19

복음서와 신약은 이방인들 또한 민족과 율법에 구애받지 않고 그리스도를 믿음으로 하나님 나라 백성이 될 수 있다는 지극한 평등과 사랑의 메시지를 전합니다. 하나님 나라가 인간의 나라와 꼭 같은 것도 늘 대립하는 것도 아니겠지만, 말씀이 증거 하는 공동체는 아직도 시민사회의 현실이 아닌 이상으로 여겨집니다. 대한민국의 주권은 '국민'에게서 나오지만, 오늘 함께 바라본 이주여성은 아직 그 주권의 주변인이자, 한국 국민으로서의 인권이나 존엄을 온전히 누리지 못하는 K-문화의 이방인입니다. 공감과 환대는 합리적인 법과 제도, 정책의 제정뿐만 아니라, 이를 공동체 차원에서 실제로 수행해 갈 한국 국민 대다수의 정서를 논하고 시민사회의 지지와 환대의 문화로 이어져야만 참된 변화가 일어날 수 있습니다.

영화 속 이주여성 분석이 한국 기독교와 무슨 직접적인 연관이 있다는 것일까요? 공감과 환대의 기독 공동체의 이상에 다가

가기 위해서, 먼저 한국 사회에서 차별과 배제의 대상이 된 동포 이주여성의 현실과 영화 <미씽>의 재현을 통해 다소 어두움을 무릅썼습니다. <미씽>의 한매와 복음을 왜곡하는 혐오 시위는 먼저 7할이 중국동포인 대림동에서, 또 K-문화 심층의 가장 어두운 그림자에서 만나고 있습니다. 세상 법정과 시민사회로부터 도리어 판단과 송사의 대상이 되고 있다면, 그리스도인들은 과연 한국 사회에서 빛과 소금이 되고 있는지 우선 물어야 할 것입니다. 다음으로, 이미 한국의 새로운 가족으로 자리 잡은 여러 나라와 문화, 민족 출신의 이주여성들이 '다문화'의 이름에 묶여서 사실상 K-문화의 영원한 이방인으로 치부되고, 관용의 이름으로 영원히 타자화될 수밖에 없다면, 한국의 영적 정신적 문화를 선도해야 할 그리스도인들은 모든 차별을 화평과 구원으로 성화시키는 복음의 본질을 잘 실천하고 있다고 할 수 있을까요?

<미씽>의 한매가 영화의 말미에서 밀려나고 택할 곳이 차가운 망망대해뿐이라는 것은, K-문화의 그림자에 대한 강력한 성토입니다. 영화라는 매체는 감정의 예술로서 현대 K-문화의 세계화에 일조하고 있습니다. 이는 매우 긍정적인 흐름이지만, 영화는 이를 수용하는 국민으로부터 흥행을 일으키는 데 주력하기 때문에 우리 안의 "사회적 시선과 욕망"을 증폭시켜 이방인을 향한 국민의 부정적인 감정을 그대로 재현하기도 합니다.[29] K-드라마와 영화가 호화로운 궁중문화나 의복, 자극적인 서사를 반복하는 대신, 조선족 여성들을 포함한 다문화가족을 향해 귀와 눈을 열기

시작한다면 K-문화의 콘텐츠 또한 다변화를 거치며 더 깊고 넓은 팬층과 관객에게 호소할 수 있으리라 생각합니다. 인종차별과 범죄자 이미지로 점철된 현재의 이주민 재현으로는 K-문화와 한한령의 날 선 대립을 해소할 수 없습니다.

K-문화와 그리스도인의 영혼 사이에 연관성이 있을까요? 그리스도인의 영향력에는 향기가 묻어나고 있는가요? 우리 또한 우리 영토 안팎에서, 먼 타지에서 아직 이방인임을 기억하면서, 윤리적인 기독교회 공동체의 이상에 다가가기 위한 공감과 환대를 전혀 반영하지 못하는 K-문화 비판을 시도해 보았습니다. 이러한 문제의식은 예수 그리스도의 사역이 당대의 가장 낮은 자들에게 이루어졌고, 그분을 주로 모신 사도 바울의 생애는 유대인들이 배척하던 이방인들을 향해 있었다는 신약의 증언에 기반합니다. 그리스도와 사도들의 세계에서 또한 이방인들이 지닌 위치는 참으로 각양각색이었습니다. 완전한 동일시는 어렵겠지만, 근현대사의 굴곡을 헤쳐가며 오늘에 이른 한국 또한 이러한 문제의식을 대면할 때가 되었습니다. 심지어 <미씽>이 조명한 이주여성은 우리 민족성을 공유하는 한민족 '디아스포라', 내부의 이방인, 조선족으로서 K-문화가 표방하는 가치 안에 진정한 개방성과 다양화, 그리고 관용과 환대의 정신이 깃들어있는지 묻게 합니다. 이들이 차별받고 소외되는 나라에서 기독교인인 우리는 과연 윤리적인 삶을 자부할 수 있을까요? 한민족이면서 이방인인 이들을 어떻게 대우하느냐는 한국 시민사회와 K-민주주의의 미래 척도라고 감히

생각해 봅니다.

이주민에 대한 배제와 폭력은 민주주의가 용인하는 자유의 범위를 넘어설 뿐만 아니라, 같은 척도로 내국민을 차별하는 양날의 칼입니다. 한국 시민의 다수가 혐중 정서를 공유한다고 해서 이를 '민주'적이라고 읽어낸다면 "닫힌 내셔널리즘 문법에 고착화된 데모스가 민주적 자결원칙을 명분 삼아 타자와 이방인을 추방"하는 폭력적 포퓰리즘으로 변질될 수밖에 없습니다.[30] 오늘날 우리가 민주적 원칙으로 부르는 준칙들은 태고 때부터 주어진 것들이 아닙니다. 목소리도 권리도 없던 이들이 역사를 거슬러 실패하고 탄압받으면서도 포기하지 않고 싸워서 얻은 결과물들입니다. 만고불변의 원칙 또한 아니며, 결코 완전하지도 않습니다. 시민을 규제하기도 하지만, 시민의식이 부패하면 얼마든지 개악의 유혹으로 넘어가 침식될 수 있습니다. 자기 권리만을 주장하고 이를 극대화하려는 것이나 현재의 고통에 대한 보상이나 권력에 대한 집착으로 얼마든지 수단화될 수 있는 것이 정책과 제도이기에, 여기서 감히 영적 성숙의 문제를 거론할 수밖에 없습니다. 주님을 사랑하는 사람들은 구조적으로 이방인을 소외·배제·추방·파괴하는 욕망이 결국 우리의 영혼을 부패와 타락으로 내몰고 있음을 직시해야 합니다. 혐오를 부추기는 언사와 폭력에서 하나님의 권위를 힘입어 특정 개인과 집단의 이익만을 추구하려는 욕망을 분출하는 현상이 잦습니다. 오직 '나'와 나'같은' 사람들만 비대해지려는 욕망을 내려놓고, 가장 작은 이웃을 내 몸같이 사랑하려고 노력하는 이들이 주님을 사랑하는 사람들입니다. 사도 바울은 빌립보 교인들에게 보내는 편지에서, 성도들이 그리스도의 겸손에서 배울 것과 "그리스도 예수의 마음"^{빌2:5}을 품을 것을 호소합니다. 이주 동포들에게 그 어떤 환대를 베푼다 한들, 우리는 결코 주님께서 자기를 비우신 것처럼 낮아질 수는 없습니다. 하지만 자신의 귀한 시간과 이익을 희생하고 자기를 '제한'해 가며 시민사회와 국가공동체에 기여하는 K-문화의 주역들에게서 그 실천의 가능성을 사유할 수 있습니다.

물론 극단적 양상으로 치닫는 혐중 정서에 뿌리가 없는 것은 아닙니다. 한반도를 분열시키고 분단시킨 체제 간의 대결과 냉전, 그로 인한 전쟁의 상처는 이를 겪어보지 못한 세대가 차마 이해나 공감을 구하기 어려운 역사적 한恨으로 남아 있습니다. 역사를 깊이 공부하시는 분들은 정복과 침략, 역사 왜곡에 이르기까지 한국의 역사와 문화 속에서 뼈아픈 인연을 형성하고 있는 중국에 대한 적대감은 당연하다고 여기실지도 모릅니다. 그러나 K-문화의 위상과 외교는 분명 새로운 국면을 맞고 있습니다. 이 짧고 부족한 글에서 감히 제언하는 것은 '수출 의존도를 고려하여 지혜롭게 처신하자'는 명제 대신, 더 나아가 이 문제를 '그리스도인들이 말씀에 근거하여 함께 고민해 보자'는 것입니다.

세계대전의 비극을 낳은 극우주의는 순수성에 집착하는 "종족적 민족주의"와 "배타주의"^{반이민자, 반다문화주의, 제노포비아}로 점철된 운동이었습니다. 그런데 20세기 초 독일에서 극우 선민사상을 신봉

했던 이들은 대부분 기독교인이었습니다. 1945년에 형장의 이슬로 사라진 고백교회의 디트리히 본회퍼Dietrich Bonhoeffer 목사가 맞서 싸운 것은 자신들을 '그리스도인'이라 부르며 전체주의를 받들었던 제국의 개신교인들이었습니다. 극우주의를 연구하는 학자들은 이러한 폭력적인 배타성을 확장시키는 요인으로 정치적, 경제적 불확실성이 초래하는 버거운 삶의 현실을 꼬집습니다. 양극화와 불안이 사회 전반을 침식하는 오늘날, 혐중 시위는 인종청소를 외쳤던 극우주의의 부활을 연상시킵니다.[31]

성서에서 또한 복음의 문제는 항상 유대민족과 이방인에 대한 민족감정의 문제와 결부될 수밖에 없었습니다. 그리고 신앙의 문제는 이민자와 동포에 대한 처우로 이어졌고, 이방인의 사도를 자처했던 바울에게 있어 '민족'의 문제는 '구원'의 신학적 고뇌와 불가분의 관계에 있게 되었습니다. 사도 바울의 사역에서도 공동체의 화합과 공평함을 상징했던 식탁에서의 음식 나눔, 음식을 통한 구제와 구휼 사역에 있어 히브리파 유대인과 헬라파 유대인은 민족성을 공유함에도 서로의 역사 차이에 따른 차별을 부각시키는 장면을 찾을 수 있습니다.

게바가 안디옥에 이르렀을 때에 책망 받을 일이 있기로 내가 그를 대면하여 책망하였노라 야고보에게서 온 어떤 이들이 이르기 전에 게바가 이방인과 함께 먹다가 그들이 오매 그가 할례자들을 두려워하여 떠나 물러가매 남은 유대인들

바울은 그리스도인지만 유대인이었던 사도 베드로가 율법 때문에 "이방인 기독교인들과 함께 먹지 않았다"는 것을 여기서 문제 삼습니다. 주일 점심시간 교회에서 직분이 높으신 분들 따로 청년부 따로 식사하는 익숙한 광경을 떠올리면 대체 뭐가 문제였던가 하며 대수롭지 않게 여길 수도 있습니다. 그러나 당대 문화에서 "함께 먹지 않는다는 것은 서로 교제하지 않는다는 것"을 의미했습니다. 더구나 예수 그리스도의 수제자로 알려졌던 베드로의 이와 같은 모습은 주변에 있는 다른 그리스도인들에게 상당히 큰 영향을 끼칠 수밖에 없었으리라 생각해 봅니다. 그래서 다소 강경한 '책망'을 무릅쓰고 바울은 교회공동체에서 "차별과 배제"의 움직임을 철저히 비판한 것입니다.[32]

성서 구절에 반영된 이방인 혐오와 배제가 유대인들의 역사적 경험에 기반하고 있듯이, <미씽>의 한매가 대표하는 조선족, 곧 한국계 중국인 동포들을 대하는 K-문화, K-민족감정의 타자화 또한 분단과 자본주의, 냉전과 신자유주의라는 초국적 맥락을 배경으로 하고 있습니다. 앞서 유럽 식민주의가 남긴 한에 대해 언급하였는데, 한국과 중국의 전쟁, 분쟁, 사대事大의 역사까지 거슬러 올라간다면 혐중 정서는 그야말로 이유 있는 증오와 민족국가 체제 갈등의 핵심 요인으로 활용될 위험이 큽니다. 하지만 "중국과 이민자에 대한 공포"로 혐오와 차별을 정당화하는 그 어떤 서사나 문화적 재현도 교회의 존재 이유에 부합하지 않습니다.[33] 바울서신의 고뇌와 기도, 그의 신학은 침략과 수난의 역사로 점철된 민족의 한을 결코 인격모독과 인종차별로 풀어내라고 가르치지 않습니다.

그리스도인들이 진정 꿈꾸는 하나님 나라 비전은 한국 땅에, 한국 문화에 어떻게 그려질 수 있을까?

이러한 물음은 비단 한국과 중국, 날 때부터 대한민국 시민과 조선족이라는 양 진영의 문제가 아니라, 국제사회가 정의와 평화로 나아가기 위한 우리의 미래를 향한 첫걸음입니다. 이방인의 사도를 자처했던 바울은 이렇게 썼습니다.

이방인들도 그 긍휼하심으로 말미암아 하나님께 영광을 돌리게 하려 하심이라 그러므로 내가 열방 중에서 주께 감사하고 주의 이름을 찬송하리로다 함과 같으니라 _롬15:9

신약의 원어인 헬라어로, 유대인이 아닌 '이방인' ἔθνη과 '열방' ἐν ἔθνεσι은 같은 어근을 공유합니다.

K-문화 속 이방인들의 고통받는 얼굴, 그리고 이들의 행복은 곧 K-문화를 열방에 비추는 거울입니다. 한민족과 한국 또한 복

음의 세계에서 이방 중의 이방이었음을 상기할 필요가 있습니다. 이주여성들이 우리 사회의 '가장 작은 자'들이라면, 이들의 삶과 고통은 곧 열방으로 나아가는 K-문화를 전 세계에 비출 수도 있는 것입니다. 오늘의 한국 그리스도인들은 이 거울에 어떻게 비치고 있을까요? 차이가 쉽게 차별로 변질되는 추방의 서사가 아니라 환대하는 공동체, 함께 누리는 안녕을 꿈꾸는 "코리언 디아스포라의 통합 서사"를 써나갈 수 있어야 한다고 믿습니다.[34] 문명을 선도하는 국격과 국력은 경제력만으로 완성될 수 없습니다. 나라의 얼은 문화에서 빛나야 하는데, 정치와 경제뿐 아니라 가치체계·언어·문학과 예술·종교·지식·도덕·법과 제도·풍속을 아우르는 공동체의 삶의 양식입니다 <한국민족문화대백과사전> 참고. K-문화가 진정으로 선진사회를 대표하는 체계로 거듭나기 위해서는 제2, 제3의 한매가 바다로 몸을 던지지 않도록 "연변에서 바다를 건너 한국에 온 그들"이 조상의 땅에서 버림받는 "상징적 죽음"의 되물림을 멈추어야 할 것입니다.[35] 죄로 인해 분리된 하나님과 사람의 세계에 '화해'를, 유대인과 이방인의 대립에 구원의 이름으로 '일치'를 이룩하시는 주님의 이름을 우리가 부를 때, 한국과 중국이라는 첨예한 국경에서 또한 평화의 이름이 찬양받기를 소망합니다.

7장

레비나스의 공감과 사랑

: 환대에서 대속으로

성신형

숭실대학교 베어드학부대학과 기독교학대학원에서 기독교 교양과목과 기독교철학을 강의하고 있고,
타자윤리학, 기독교사회윤리 등에 관심을 가지고 연구하고 있으며,
(사)기윤실 기독교윤리연구소 소장과 숭실대학교 가치와윤리연구소 소장으로 활동하고 있다.

본 글은 레비나스의 철학적 흐름을 따라가면서 그의 타자 윤리의 핵심 개념인 환대와 대속의 의미를 고찰하고 있다. 레비나스에게 철학은 타자를 향한 욕망이며 사랑의 지혜다. 이 타자를 향한 욕망은 환대에서 출발하여 타자를 위한 자기 희생의 사랑으로 발전한다.

* 이 글은 《현대유럽철학연구》(2024년 1월)에 발표한 논문 <레비나스의 형이상학적 욕망과 사랑>을 수정한 것입니다.

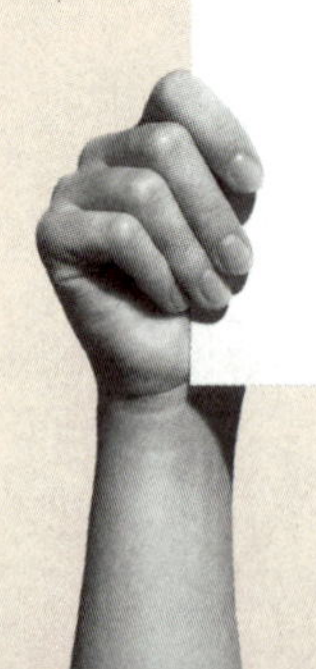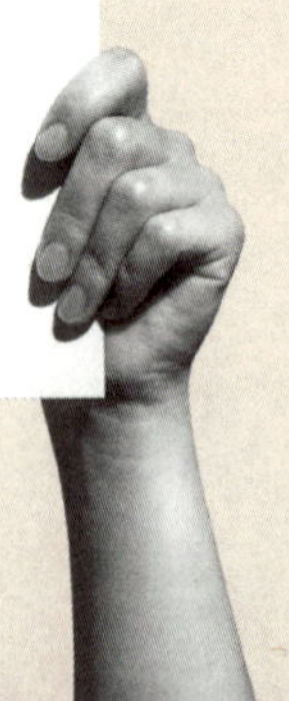

공감의
울림으로

환대의
몸짓으로

오늘 우리는 여러 형태의 위기가 겹친 시대를 살아가고 있습니다. 기후 위기는 생태계 전체를 뒤흔들며 인류의 미래를 위태롭게 합니다. 생성형 인공지능을 비롯한 기술의 변혁은 인간보다 더 인간처럼 사고하고 생산하는 새로운 존재들의 등장을 예고합니다. 인간과 기술의 경계가 모호해지는 전환기를 맞고 있습니다. 이런 전환기에는 과연 인간이란 무엇이고, 인간의 삶이 어떤 의미를 갖는지 다시 묻게 되고, 어떤 기독교윤리적 사유가 필요한지도 고민할 수밖에 없습니다. 이러한 고민에 따라서 공감과 환대라는 키워드를 중심으로 레비나스Emmanuel Levinas의 환대의 의미를 생각해 보려고 합니다.

레비나스의 철학은 인간 이해의 새로운 지평을 열어줍니다. 그는 인간을 자기중심적 존재가 아니라 언제나 타자에게 열려 있는 존재로 보았습니다. 인간은 스스로 생각하는 주체로서 세계를 구성하지만, 그 주체성의 더 깊은 곳에는 타자를 향한 열림이 자리 잡고 있습니다. 그 열림이 바로 '형이상학적 욕망'입니다. 형이상학적 욕망은 나를 넘어서는 초월을 향한 욕망이며, 그 초월은 타자의 얼굴로 구체화합니다.

레비나스의 사유는 크게 두 시기로 나뉩니다. 『전체성과 무한』을 중심으로 '환대'를 사유한 시기와 『존재와 달리 또는 존재성을 넘어』에서 '대속'을 중심에 두고 사유한 시기입니다. 레비나스는 서구 존재론이 나치의 전체주의와 연결되는 과정을 성찰하면서 『전체성과 무한』에서 윤리의 가치를 주장하며 자신의 윤리적 기초로 환대를 강조하였습니다. 이후 그는 『존재와 달리 또는 존재성을 넘어』에서 그 사유를 발전시키면서 타인을 위해서 희생하는 사랑의 행위인 대속을 강조하였습니다. 환대는 타인을 내 세계에 받아들이는 행위이며, 대속은 타자를 위해 나를 내어주는 사랑의 실천입니다. 이 두 개념은 단순한 윤리적 명령이 아니라, 인간이 세계 속에서 살아가는 방식에 대한 근본적 성찰입니다.

이 글에서는 레비나스의 환대와 대속의 흐름을 따라가며, 그의 철학이 말하고자 하는 사랑의 의미를 살펴볼 것입니다. 그러면서 그것이 오늘날 기후 위기, 인류세人類世, Anthropocene, 기술 문명의 전환기 속에서 어떤 시사점을 갖는지까지 확장해 탐구하고자 합니다.

형이상학적 욕망: 철학은 타자를 향한 갈망

『전체성과 무한』에서 레비나스는 제1철학을 존재론이 아니라 윤리라고 주장합니다. 이 주장을 토대로 레비나스는 환대와 책임에 대해서 사유합니다.

전통적으로 서양철학은 존재가 무엇인지, 인간이 무엇인지, 세계가 무엇으로 구성되는지를 탐구하는 데 집중했습니다. 그래서 아리스토텔레스는 존재론을 '제1철학'이라고 불렀습니다. 그러나 레비나스는 이러한 존재론적 사유가 결국 '동일성의 폭력'을 낳는다고 보았습니다. 왜냐하면, 레비나스는 제2차 세계대전의 나치 전체주의를 경험하면서 존재론의 한계를 보았기 때문입니다. 존재론의 기초는 동일성의 자아Identity of Sameness로 세계 속 존재의 가치와 의미를 살피는 데 있습니다. 레비나스는 이러한 자아개념이 동일성의 폭력을 낳았다고 보았습니다. 왜냐하면 동일성의 자아의식은 타인을 대상화하고 수단화하는 폭력의 가능성이 있기 때문입니다. 이 동일성의 폭력이란 타인을 나의 개념과 언어로 흡수하여 타자의 고유성을 지워버리는 사고의 구조입니다.

이에 반해, 형이상학적 욕망은 동일성을 깨뜨리고 타자에게로 향하는 움직임입니다. 이 욕망은 충족될 수 있는 욕구가 아니라, 충족되지 않음 그 자체로서 계속해서 나를 열어젖히는 초월적 열망입니다. 이것은 그 어떠한 외적 환경의 변화나 경험으로도 만족시킬 수 없는 '타자로 향하는 욕망'으로서 '전적으로', 그리고 '절대적으로' '다른 것'을 향한 욕망입니다. 이것은 심지어 '타자인 것은 무엇인가?'에 대한 생각조차 할 수 없게 만들어버리기 때문에 만족할 수 없고, 모든 것 너머를 욕망하고 있으며, 선을 향합니다.

이러한 형이상학적 욕망은 과거로의 복귀가 아니라, 새로운 세계에로의 향함입니다. 이는 얼굴로 다가온 타자에게 귀를 기울이는 욕망입니다. 이러한 욕망은 복귀에 대한 열망이 아닌 새로운 세계에 대한 열망입니다. 이 욕망은 결핍을 채우려는 심리적 반응이 아닙니다. 욕망은 타자의 도래를 향한 열림이며, 나의 존재를 초월의 방향으로 이끄는 힘입니다. 인간은 타자의 얼굴 앞에서 자기중심적인 세계를 넘어서는 경험을 하게 되고, 그때 철학은 존재론에서 윤리로 전환됩니다.

얼굴의 현현: 윤리의 기원

형이상학적 욕망의 차원에서 자아가 욕망 가능한 것은 바로 '얼굴'입니다. 레비나스 철학에서 가장 독보적인 개념은 "얼굴"face입니다. 얼굴은 단순한 신체적 이미지가 아니라, 타자가 나에게 나타나는 방식입니다. 레비나스는 독일 군인들이 수용소로 끌려가는 유대인들의 얼굴을 한 번만이라도 제대로 바라볼 수 있었으면 홀로코스트의 끔찍함은 없었을 것이라고 생각했습니다. 이것을 얼굴의 현상학적 발견이라고 합니다.

이 발견은 어떤 것일까요? 얼굴은 꾸미지 않은 채 다가오며, 어떤 이데아나 형식에도 갇히지 않은 채 다가옵니다. 레비나스는 이러한 다가옴을 종교적인 경험이라고 주장합니다. 왜냐하면, 얼굴은 현현epiphany하는 방식으로 다가오기 때문입니다. 얼굴은 그 어떤 형식으로 표현되지 않고 살아있음으로 자신을 드러내는 방식으로 말하기 때문에 레비나스는 '현현'한다고 주장합니다. 얼굴의 다가옴은 마치 하나님이 자신을 드러내시는 방식과도 비슷하기에 레비나스는 '현현'한다고 주장했습니다.

즉, 얼굴 자체가 '의미로 자신을 현시'하고 있습니다. 얼굴은 말없이 말합니다. 그 말은 명령이 아니라 호소이며, 강제라기보다 초월적 요청입니다. 그 요청은 단 한 문장으로 압축될 수 있습니다.

"나를 해치지 말라."

이 한 문장이 윤리의 시작입니다. 얼굴 앞에서 인간은 자신의 자유를 재고하게 되고, 타자를 향한 책임을 느끼게 됩니다. 이 책임은 선택의 결과가 아니라 얼굴이 나타나는 순간 이미 시작된 관계입니다.

레비나스에게 윤리의 기원은 바로 이 얼굴과의 만남입니다. 그는 얼굴의 만남을 "말함"Saying의 차원에서 이해합니다. 말함은 말해진 것the Said보다 근원적인 언어입니다. 말해진 것은 개념과 정의로 구성된 고정된 언어이지만, 말함은 타자에게 드러나는 살아있는 표현입니다. 타자는 말함을 통해 나에게 도착하고, 나는 그 부름에 응답함으로써 윤리적 존재가 됩니다.

레비나스는 이러한 응답을 책임이라고 부릅니다. 책임은 우리가 타인을 위해서 짊어지는 어떤 의무가 아니라, 타인의 얼굴의 호소에 대답하는 능력입니다. 책임을 의미하는 영어단어는 'responsibility'입니다. 이 단어는 'respond'와 'ability'를 합친 말입니다. 즉, 책임은 대답하는 능력입니다. 얼굴은 호소합니다. 나는 대답합니다. 이런 과정을 통해서 인간은 윤리적 존재로 성장하게 됩니다. 이것이 레비나스가 말하는 책임윤리입니다.

환대: 타자를 맞아들이는 사랑의 첫걸음

『전체성과 무한』에서 레비나스는 타자와의 관계를 "환대" hospitality를 중심으로 설명합니다. 레비나스는 환대가 곧 윤리라고 말합니다. 환대는 단순한 방문객 수용이 아닙니다. 그것은 내 앞에 현현하고 있는 얼굴로 다가온 타자의 도래를 있는 그대로 받아들이고, 그에게 자리를 내어주는 근본적 열림입니다.

레비나스의 환대 이해는 유대교 전통이 깊게 자리합니다. 레비나스는 토라에 담긴 "나그네를 환대하라"는 명령을 철학적으로 재해석했습니다. 이스라엘 민족은 본래 낯선 땅에서 살던 나그네였고, 노예였고, 약자였습니다. 하나님은 모세에게 율법을 주시면서 이스라엘인들에게 '나그네로 살았던 너희들을 구원해 준 나하나님를 기억하기 위해서, 너희도 나그네를 환대해주어야 한다'고 하셨습니다. 이러한 역사적 경험은 타자를 약자로 이해하고, 그 타자를 보호해야 한다는 윤리의 토대를 형성했습니다.

구약성서의 환대는 다음과 같은 의미를 포함합니다.

- 나그네로서의 이스라엘의 정체성
- 사회적 약자타자를 돌보시는 하나님
- 하나님과 이스라엘의 언약 관계

이와 같이 환대는 구약성서 율법의 기초입니다. 이러한 환대는 하나님 사랑과 이웃 사랑의 첫 단계입니다. 사랑은 타자를 소유하거나 해석하는 것이 아니라, 타자의 고유성을 유지한 채 그 존재를 받아들이는 것입니다.

환대는 타인을 내 집거주의 공간으로 맞아들이는 일입니다. 우리의 거주 공간은 우리가 일노동하면서 자연스럽게 소유하는 우리를 위한 공간입니다. 이 거주의 과정에서 우리는 타인을 만납니다. 타인을 나의 거주 공간에 맞아들이는 일은 타자와의 만남의 첫걸음입니다. 나의 거주 공간에 타인을 맞아들이는 환대를 통해서 우리는 타인과 관계를 맺게 됩니다.

<환대> *일러스트는 인공지능의 도움으로 제작함

이 관계는 상호적인 관계가 아닙니다. 타인을 맞아들이는 환대는 우리가 타인에게 받을 것이 있어서, 혹은 타인을 나의 집으로 영접할 만해서 나의 집으로 '초대'하는 일이 아니기 때문입니다. 그러므로 환대는 증여의 관계를 맺는 일, 즉 나를 내어주는 것입니다. 즉 환대는 최초의 '윤리적인 몸짓'입니다. 레비나스는 형이상학은 바로 이 윤리적인 몸짓으로 출발한다고 말합니다.

이러한 형이상학적 욕망의 몸짓은 자연스럽게 사랑과 연결됩니다. 왜냐하면 존재는 계속해서 타인을 향한 욕망을 지향하고, 이것은 사랑의 욕구로 드러나며, 이러한 욕구는 타인을 맞아들이는 환대의 행위로 시작되기 때문입니다. 그러므로 레비나스에게 사랑은 감정이나 심리적 경향이 아니라, 타자를 향해 나를 여는 존재론적 움직임입니다. 이것은 '얼굴의 맞아들임', 즉 '환대'입니다.

감성: 존재의 차원을 넘어서는 경험

레비나스의 후반기 작품인 『존재와 달리 또는 존재성을 넘어』에서 드러나는 중요한 변화는 감성sensibility의 강조입니다. 감성은 타자의 도래 앞에서 내가 경험하는 어떤 변화입니다. 인간은 개인적으로 향유하고 만족하고자 애쓰면서 살아갑니다. 그런데, 얼굴로 다가온 타인은 나의 이러한 만족을 문제 삼고 있습니다. 나의 개인적인 향유와 만족은 타자의 고통 앞에서 중단되고, 나는 타자의 요구 앞에 노출됩니다. 이 순간은 나의 개인적인 자유가 상처받기 쉬운 노출 상태입니다.

레비나스는 이 순간에 주목합니다. 이것은 내가 일상에서 느끼는 단순한 감정emotion의 변화가 아니라, 내 마음의 움직임감성, sensibility을 불러일으키기 때문입니다. 얼굴의 호소가 나의 마음을 움직입니다. 레비나스는 이러한 감성을 근접성proximity과 연결합니다. 근접성은 매우 특별한 의미로 내 곁에 다가옵니다. 그것은 '타자에 의한' 것이고, '타자를 위한' 의미 부여입니다. 이는 어떤 아름다운 문자로 고양되는 드러남이 아니라, 삶의 한가운데에서 요청되는 의미 부여입니다. 레비나스는 이러한 상황을 빵을 즐기는 향유하는 내가 배고픈 타인에게 빵을 주기 위해서 빵을 뜯어내는 일로 비유합니다. 내 앞근접성에 고통받는 타자, 즉 벌거벗고, 늙고, 가난하고, 주름진 얼굴로 다가온 연약한 타자의 현현을 경험하는 순간입니다.

이 근접성은 공간적 '가까움'이 아니라, 윤리적 가까움입니다. 타자의 고통이 나에게 스며들어 내 향유를 깨뜨리는 상태입니다. 나의 만족과 안정이 타자의 결핍으로 인해 흔들릴 때, 나는 타자에게 응답할 수밖에 없습니다. 이 과정에서 '말함'이 다시 핵심적 역할을 합니다. 말함은 타자를 향해 열려 있는 언어이며, 타자와의 관계 그 자체입니다. 존재는 정의와 개념으로 고정되는 것이 아니라, 관계 속에서 살아 움직이는 언어입니다. 얼굴로 말하는 말 없는 타자의 살아있는 언어입니다. 그 어떤 거룩함의 언어로도 표현될 수 없는 절대적 말함입니다.

아나키: 근원 이전의 수동성

얼굴로 현현한 타자는 이제 나의 주인입니다. 왜냐하면 현현을 경험한 내가 타자를 바라볼 때, 우리는 그 타자를 '주인'으로 인정할 수밖에 없기 때문입니다. 그런데 이 주인은 이상한 주인입니다.

이 주인은 나를 힘으로 통치하고 군림하는 주인이 아니라, 고아나 과부, 버려진 사람 등 고통의 얼굴을 한 주인입니다. 레비나스는 이러한 상황을 마태복음 25장에 나오는 예수의 최후의 심판 비유로 설명합니다. 최후의 심판의 순간에 주님께서 하나님의 나라를 상속받을 사람을 부르면서 '너희는 내가 굶주릴 때 먹을 것을 주었고, 목마를 때에 마실 물을 주었고, 헐벗을 때 입을 옷을 주었고, 감옥에 갇혔을 때에 나를 찾아와 주었다'고 말씀합니다. 이들은 언제 저희가 그랬느냐고 반문합니다. 그러나 주님께서는 '지극히 작은 자 한 사람에게 한 것이 곧 나에게 한 것'이라고 대답하십니다. 레비나스는 이 '지극히 작은 자'에 주목합니다. 여기서 굶주리고, 목마르고, 헐벗고, 갇힌 그 '지극히 작은 자'가 바로 나의 주인입니다.

이 경험은 매우 수동적인 경험입니다. 왜냐하면 주인이 나에게 다가오는 경험이기 때문입니다. 레비나스는 타자 앞에서 경험하는 극단적인 수동성을 "아나키an-archy"라고 부릅니다. 여기서 아나키는 무정부 상태가 아니라 "기원 이전"을 뜻합니다. '안an'은 이전을 의미하고, '아르케arche'는 기원을 의미합니다. 그래서 아나키는 기원 이전입니다. 이는 인간 존재가 타자를 만나기 이전부터 이미 책임respond+ability 속에 놓여 있었다는 의미입니다.

레비나스는 이러한 상태를 '인질'로 설명합니다. 타자 앞에서 나는 이미 인질hostage의 상태가 되었습니다. 인질이 되었다는 것은 강제가 아니라, 타자의 호소가 너무 절대적이어서 내가 응답하지 않을 수 없는 상태를 의미합니다.

"제가 여기 있습니다."

이 응답은 아나키 경험에 대한 주체의 즉각적인 반응입니다. 레비나스에 따르면, 이러한 반응이 바로 인간 주체성의 가장 깊은 구조입니다. 주체성은 자기 자신에게서 출발하는 것이 아니라 타자의 부름에 응답함으로써 형성됩니다. 레비나스는 이를 '윤리적 주제성'이라고 불렀습니다.

레비나스는 이런 관계를 설명하기 위해서 파울 첼란Paul Celan의 유명한 시구를 인용합니다.

만일 내가 나라면혹은, "내가 나 자신이 될 때",
나는 당신입니다Ich bin du, wenn ich ich bin.

레비나스는 이것이 그가 말한 형이상학적 욕망, 즉 타자와의 관계 자체에 주목하는 방식이라고 주장하였습니다. 주체는 아나

키의 경험을 통해서 나의 주인인 타인에게 인도송환됩니다. 이는 얼굴로 다가온 타인의 부름에 "내가 여기 있습니다"라고 대답함을 의미합니다. 이러한 경험을 통해서 자연스럽게 다음 단계인 희생과 대속으로 넘어갑니다.

대속: 사랑의 완성

대속substitution은 레비나스 철학의 정점입니다.[1] 대속은 환대보다 더 급진적인 타자와의 관계입니다. 환대는 타자를 내 세계로 맞아들이는 열림이지만, 대속은 나 자신을 타자를 위해 내어주는 희생입니다. 레비나스가 말하는 대속의 특징은 다음과 같습니다.

- 타자의 고통을 대신 감당하는 윤리적 결단
- 타자의 잘못과 상처를 나의 책임으로 받아들이는 수동성
- 상호성과 균형이 없는 비대칭적 사랑
- 나의 동일성이 중단되고 타자를 중심으로 재구성되는 주체성

레비나스는 고통 그 자체에는 아무런 의미가 없다useless suffering고 주장합니다. 그러나 고통이 의미 있는 사건으로 다가올 때가 있는데, 바로 얼굴의 고통을 듣고 대답하는 윤리적 결단을 하는 순간입니다. 이는 타인의 고통을 대신 감당하고 희생하는 결단의 순간입니다. 이는 타자의 상처를 나의 책임으로 받아들이는 수동

성입니다. 이는 너무나 수동적인 사건입니다. 외면할 수 없는 고통을 받아들임으로 나의 자유는 무너지고 상처받게 되는 최상의 수동성입니다.

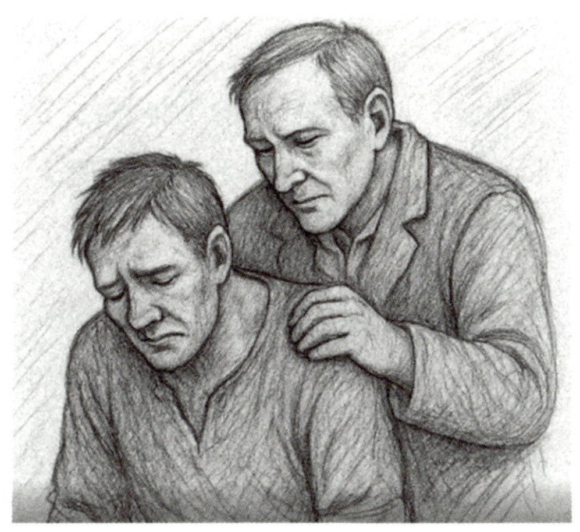

<대속> *인공지능 일러스트

레비나스는 이러한 관계를 '비대칭의 관계'라고 말합니다. 보통, 관계는 상호적인 것이라고 생각합니다. 나와 너가 서로 동등한 관계에서 서로에게 책임을 지는 일입니다. 그러나 레비나스는 이런 동등한 관계는 윤리적 결단에 이르지 못한다고 말합니다. 왜냐하면, 상호성에 기초한 힘의 균형은 현실에서 너무 쉽게 무너지고, 힘의 불균형 상황에서 폭력이 쉽게 일어나기 때문입니다. 그러므로 비대칭적 관계를 형성해야만 폭력을 벗어나게 됩니다. '죽이지 말라'는 명령을 내리는 존재는 나보다 힘이 없는 존재입니

다. 얼굴로 다가온 타인이 '나의 고통을 짊어지라'는 비대칭적 명령에 나는 복종하고 희생합니다. 이 순간 나 중심이 아니라, 타자 중심으로 윤리적 주체성이 재구성됩니다.

이 순간이 바로 대속입니다. 그리고 이 순간이 바로 사랑의 순간입니다. 그래서 레비나스는 철학을 '지혜를 사랑'하는 일이 아니라 '사랑의 지혜'라고 하였습니다. 레비나스에게 사랑의 완성은 바로 이 대속입니다. 사랑은 타자를 위해 자신을 내어놓는 비대칭적 관계이며, 그 관계 속에서 인간은 윤리적 존재가 됩니다.

윤리적 급진주의 : 리쾨르와 해러웨이의 비판

여기까지 레비나스의 이야기를 들으면서 어떤 느낌이 드셨나요? 나 중심성을 해체하고 타자를 중심으로 윤리적 주체성을 구성하라는 레비나스의 사유는 매우 급진적입니다. 그 주장이 상당히 매력적이기는 하지만, 이런 급진성 때문에 비판을 받기도 했습니다.

대표적으로 리쾨르Paul Ricœur는 그의 책 『타자로서 자기 자신』에서 레비나스가 주장한 비대칭성은 인간관계를 왜곡하고 있으며, "레비나스는 관계성을 과장했다"고 비판했습니다. 리쾨르는 인간관계의 중심을 상호성에 바탕을 두고 있습니다. 다시 말해서, 인간은 상호성을 바탕으로 그 관계를 발전시켜 왔다는 것입니다. 그런데 비대칭적 관계에서 자신을 희생하는 대속은 한쪽만 책임을 지는 구조를 형성하기 때문에 현실과 맞지 않는다고 지적했습니다. 이 비판에 대해서 미국의 레비나스 학자 리차드 코헨Richard A. Cohen은 레비나스의 강조점은 '윤리적 주체성', 즉 도덕적인 성장을 통해서 형성되는 인간 주체성과 관계성에 초점을 맞춘 것이라고 대답했습니다.

한편, 기후 위기에 대한 신유물론적인 접근을 시도한 해러웨이Donna J. Haraway는 『트러블과 함께하기』에서 레비나스를 비판합니다. 그녀는 심각한 기후 위기의 현실 속에서 인간-자연 이분법적인 사유 체계를 벗어날 것을 강력하게 주장합니다. 그러면서 레비나스가 주장한 "죽이지 말라"는 생명 우선주의의 원칙은 인간에게 불가능한 명령을 제시함으로 윤리적 불가능성 뒤에 인간을 숨어버리게 만드는 오류를 범했다고 주장합니다. 오히려 해러웨이는 "죽여도 되는 것을 만들지 말라"는 명제를 제시합니다. 이는 윤리의 불가능성 뒤에 숨지 않고, 삶의 책임에 대해 묻고 대답하면서 생태 위기를 헤쳐나갈 가능성을 찾기 위한 방법입니다. 하지만 해러웨이 역시 '응답하는 능력'이라는 개념은 레비나스에게서 받은 중요한 통찰이라고 말하였습니다.

이러한 비판들에 대해서 어떤 생각이 드시나요? 이 비판들은 레비나스의 사유를 더 풍부하게 재고할 기회를 제공하고 있습니다. 그의 철학이 우리에게 의미가 있으려면 절대적 규범으로서 그의 생각을 수용하는 것이 아니라, 타자를 향한 윤리적 감수성을 일깨우는 철학적 지침으로 받아들일 수 있어야 합니다.

기후 위기와 기술 문명 속에서 다시 읽는 레비나스

기후 위기와 기술 문명의 오늘을 살아가는 우리에게 레비나스의 사유는 어떤 의미가 있을까요? 저는 레비나스의 사유는 오늘날 맥락에서 새롭게 해석될 수 있다고 생각합니다. 그것은 바로 타자의 의미에 대한 재해석입니다.

첫째, 기후 위기 속에서 미래 세대와 자연 생태계는 '보이지 않는 타자'로 우리에게 다가옵니다. 우리는 그들의 얼굴을 직접 보지 못하지만, 그들의 고통은 이미 우리의 삶에 닿아 있습니다. 이들에 대해 대속적 책임을 지는 것은 지금 세대의 윤리적 의무입니다. 또한 자연에서 만나는 동물과 타종 역시 뚜렷한 '얼굴 없는 타자'로 다가옵니다. 이들의 고통에 대한 근접성과 대속적 책임은 인류세 시대의 새로운 윤리가 되어야 합니다.

둘째, 기술 존재 또한 새로운 형태의 타자가 되어가고 있습니다. 인공지능은 단순한 도구가 아니라 인간의 의사결정에 영향을 미치는 존재로 자리 잡고 있으며, 우리는 기술과 새로운 윤리적 관계를 맺어야 합니다. 기술로 만들어진 새로운 존재는 분명 우리에게 '타자성'에 대한 새로운 해석을 요구할 것입니다. 많은 이들이 공생을 넘어서 공진화共進化, coevolution를 추구해야 한다고 말합니다. 이러한 과정을 위해서 반드시 필요한 부분이 바로 '타자성'에 대한 이해이며, 동시에 윤리적 주체성에 대한 성찰입니다.

셋째, 이러한 환경 속에서 더욱 소외되는 인간 존재들에게도 다가가는 책임이 요구됩니다. 기후 위기와 기술 발전으로 인해 가장 크게 위태롭게 될 사람들은 바로 저개발국가에 살아가고 있는 이들입니다. 기후 위기 난민이 매우 급속도로 늘어가고 있습니다. 기술 격차는 더 큰 부를 축적하는 국가와 그렇지 못한 국가들의 격차를 더욱 벌일 것입니다. 이런 상황에서 기독교인이 서 있어야 할 자리는 소외되어 고통받는 사람들이 있는 곳입니다.

환대에서 출발한 레비나스의 윤리는 우리에게 희생과 사랑으로 나갈 것을 요구합니다. 레비나스 윤리는 인간중심주의를 넘어선 윤리의 토대를 제공하며, 타자를 향한 사랑과 책임의 확장을 요구합니다.

나가며

앞서 언급한 것을 한 번 더 이야기하면서 결론을 내리려고 합니다. 레비나스는 철학을 "사랑의 지혜"라고 말했습니다. 그의 철학은 인간을 타자와의 관계 속에서 새롭게 발견하도록 이끕니다. 형이상학적 욕망은 타자를 향한 열림이며, 환대는 그 열림의 실천이고, 대속은 사랑의 완성입니다.

오늘날 우리는 전례 없는 시대를 지나고 있습니다. 이구동성 위기라고 말합니다. 이 위기는 새로운 윤리의 탄생을 촉구하는 시간이기도 합니다. 레비나스의 사유는 우리가 다시 타자의 얼굴을 보고, 타자의 고통에 응답하며, 타자를 위해 자신을 내어놓을 수 있는 사랑을 향해 나아가도록 이끕니다. 이 이끌림이 우리 시대 기독교인의 자리가 어디여야 하는지 다시 생각하게 해 줍니다.

더 읽어 볼 책

제가 추천하고 싶은 책은 전북대 영어영문학과 명예 교수이신 왕은철 선생님의 『환대 예찬』입니다. 이 책은 문학적 서사를 통해서 환대의 정신을 성찰한 가치 있는 책입니다. 사실, 레비나스를 직접 읽는 것은 부담스러울 수 있습니다. 그런데 이 책은 문학적 서사에 드러난 환대의 의미를 다양하게 설명하고 있기 때문에 이 주제에 접근하기가 쉬우며, 깊이 사유하는 기회도 충분히 제공해 줍니다.

8장

『대학(大學)』의 공감[恕]

: 다산(茶山), 레게(Legge), 게일(Gale)

엄국화

숭실대학교 철학과를 졸업하고, 동대학원에서 〈정약용의 소사학(昭事學)에 대한 연구:
추서(推恕)와 회(悔)를 중심으로〉라는 논문으로 박사 학위를 취득했다.
현재 서울대학교 인문학연구원의 선임연구원으로서 공감과 우정에 관해 연구하고 있다.
다산 연구자로서 고전을 새롭게 해석하고 우리 현실 속에서 유의미하게 되살리는 작업을 이어 나가고 있다.

『대학(大學)』에 나오는 '혈구지도(絜矩之道)'는 자신을 기
준으로 타인을 헤아리는 도덕법칙이다. 다산 정약용은 이
를 '서(恕)'로 규정하고, 인간 상호 간의 감정이입과 이해를
중시하는 '공감 윤리'를 구상하였다. 제임스 레게는 '서'를
'reciprocity'로 번역하여 '호혜성'으로 이해하였고, 제임스
게일은 '서'를 'pardon'으로 옮겨 기독교적 '용서'로 풀이하
였다. '서'는 시대와 문화적 배경에 따라 '공감-호혜성-용서'
로 확장될 수 있는 보편적 인간 이해의 원리이다.

* 이 글은 《인간과 자연》(2025년 11월)에 발표한 논문 〈제임스 레게(Legge)와
제임스 게일(Gale)의 '서(恕)' 번역 – 다산 정약용의 '서' 해석과 비교하여〉를 단
행본 형식에 맞춰 수정한 것입니다.

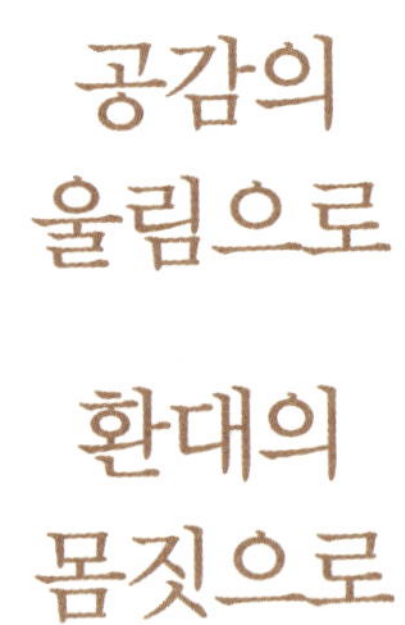
공감의
울림으로

환대의
몸짓으로

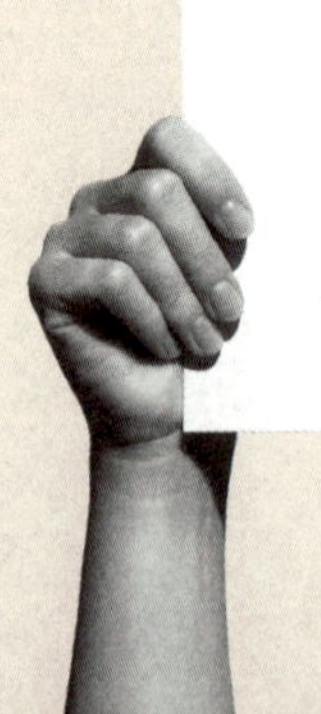

『대학大學』은 동양고전의 사서四書 중 하나로 널리 알려져 있으며, 8조목 중 '수신修身', '제가齊家', '치국治國', '평천하平天下'는 우리 사회에서 상식으로 통용되고 있습니다. 이 개념들이 『대학』을 대표하는 것으로 자리 잡게 된 것은, 『대학』의 3강령인 '명명덕明明德', '신민新民', '지어지선止於至善'과 같이 관념적인 철학적 개념이 아니라 삶과 밀착된 실질적 지표이기 때문입니다.

『대학』은 본래 『예기禮記』에 실린 한 편의 글이었지만, 중국 송나라 유학자들이 사서四書를 오경五經보다 더 중시하면서 『대학』도 독립된 경전經傳으로 격상되었고, 사서 중에서도 군주학君主學 또는 통치술에 관한 최고 경전으로 여겨져 왔습니다. 16세기에 이르러 조선 성리학이 발전하면서 이황李滉, 1501-1570과 이이李珥, 1536-1584는 성왕聖王의 학문을 위하여 각각 『성학십도聖學十圖』, 『성학집요聖學輯要』를 편찬하는데, 특히 『성학집요』에서는 『대학』의 삼강령을 기둥으로 삼아 체계를 세웠습니다. 그만큼 『대학』은 성학聖學, 즉 군주의 공부에 가장 기본적인 원리를 갖춘 것이라고 할 수 있습니다.

그렇다고 『대학』은 군주만을 위한 책이라고 평가할 수 없습니다. '평천하'가 최종 목표로 제시되어 있기는 하지만, 그것은 '치국', '제가', '수신'이 전제되어야 하는 것이기 때문입니다. 이러한 체계는 각자가 자기 자리에서 리더십을 발휘하여 유기적 공동체를 이루며 살아가는 현대 사회에도 부합합니다. 『대학』의 가르침은 단 한 명의 상위 지배자에게만 해당하는 것이 아니라, 각자가 삶의 자리에서 올바르게 살아가는 지침으로 활용하는 것이 가능합니다.

더욱이 개인화가 가속화되면서 역설적으로 공동체의 의미가 강조되는 포스트팬데믹 시대에는 리더십, 특히 윤리적 리더십에 대한 깊은 고찰이 요구됩니다. 언택트에 익숙해지면서 관계 맺기를 부담스러워하면서도 오히려 언택트를 통해 더 넓은 인간관계를 맺는 현 상황에서는 인간관계가 기능적이고 소모적인 것으로 인식되기 쉽습니다. 이는 결국 윤리의 붕괴를 불러옵니다. 따라서 현시점에서 올바른 관계 맺기와 리더십에 대한 고민은 인류 공동체의 존속을 위해 필수적인 것이라 할 수 있습니다.

서恕와 혈구지도絜矩之道

고전古典은 시대를 초월하여 어느 시기에나 울림을 주고, 통찰력을 키워주며, 올바른 방향을 제시합니다. 16세기 말 중국에서 활동했던 예수회 선교사들을 통해 동·서양의 문화 교류가 이전보다 활발하게 이루어졌습니다. 예수회 선교사들은 교리서와 성경을 한문으로 번역하기 위해 동양의 고전을 라틴어로 번역하기 시작했습니다. 그리고 그 일차적인 텍스트는 사서四書였습니다. 사서 중에서 서양인들이 가장 많이 본 책은 『논어論語』였고, 『대학』은 분량의 부담이 없음에도 크게 주목받지 못했습니다. 그것은 『대학』이 군주들 또는 소수 지배층을 위한 책이라는 인식 때문이었을 것입니다.

그러나 『대학』은 스스로 삶의 주인이 되어 각 분야의 리더로 살아가는 현대인들에게는 누구에게나 적용 가능한 책입니다. 따라서 이 글에서는 『대학』의 리더십을 현대적 관점에서 재해석하고자 합니다. 이를 위해 다산 정약용茶山 丁若鏞, 1762-1836의 시각으로 바라볼 것입니다. 정약용은 사서를 관통하는 주제를 '서恕'로 보았는데, 이를 현대어로 번역하면 '공감共感, empathy'이라고 할 수 있습니다. 현재 가장 주목받는 키워드인 '공감'은 최근에 와서 탄생한 개념이 아니라 이미 우리 고전에 잠재되어 있던 것이기에, 고전에 내재되어 있는 개념을 이끌어 내려는 것입니다.

다산이 『대학』에서 주목한 것은 '서'와 '혈구지도絜矩之道'입니다. '혈구지도'는 『대학』의 독특한 용어인데, 다산은 이것이 곧 '서'라고 정의했습니다. 다산이 집필한 『대학』의 해설서 『대학공의大學公議』1814에서 '혈구지도'에 대해 다음과 설명합니다.

혈絜은 밧줄로 물건을 묶어서 그 크기를 재는 것이다. 구矩는 곱자로서, 모난 곳을 반듯하게 하는 것이다. 나의 효도孝와 공손弟과 자애慈로서 백성들도 모두 효도와 공손과 자애를 바란다는 것을 안다. … 이 때문에 내가 좋아하는 것으로서 남도 또한 그것을 좋아한다는 것을 안다. 재는 자와 같은 도를 행한다는 것은 곧 서恕이다.
絜, 以繩約物, 以度其大小也. 矩者, 直角之尺, 所以正方也. 以我之孝弟慈, 知民之亦皆願孝弟慈. … 是故知我之所好, 人亦好之. 行絜矩之道, 即恕也.

“재는 자와 같은 도를 행한다는 것”行絜矩之道은 곧 “나의 마음과 다른 사람의 마음이 같다는 것”에서 출발하는 것이므로, 이를 현대적인 용어로 바꾸면 바로 ‘공감’이라고 할 수 있습니다. 다산의 『대학공의』 역시 리더십을 강조하고 있지만, 이전의 『대학』 해설서들과의 차별점은 바로 ‘공감’을 가장 근본적인 윤리적 지침으로 삼고 있다는 것입니다. 『대학공의』 후반부에서는 ‘서’, 즉 ‘공감’을 강조하는 내용들이 연이어 등장합니다.

이와 같이 독특한 다산의 해석은 어디에서 기인하는 것일까요? 우선 다산은 성호 이익星湖 李瀷, 1681-1763의 학파에서 성장했기 때문에, 성호에게 영향을 받았다고 할 수 있습니다. 그런데 이 성호 학파의 일원들은 서학西學, 천주교에 경도되어 있었습니다. 다산이 공개적으로는 신앙을 부정했으나 그 학문에서는 서학 또는 기독교의 영향이 곳곳에 드러납니다. 이러한 다산이 『대학』을 해석한 관점을 구체화하기 위하여 개신교 선교사들이 번역한 대표적인 영역본 『대학』과 비교해 봅시다.

중국에서 활동한 선교사 마테오 리치Matteo Ricci, 1552-1610가 사서 번역을 시작했고, 쿠플레Philippe Couplet, 1623-1693가 1687년 파리에서 정식으로 『중국인 철학자 공자Confucius Sinarum Philosophus』를 출판한 이후로도 라틴어 사서 번역본들이 여러 권 출간되었습니다. 그리고 이 라틴어본들을 저본底本으로 삼아 다양한 서양 언어로 번역되었고, 이는 서구 지식인들에게 신선한 충격을 주었습니다. 여기서 다산의 『대학공의』와 비교 연구할 대상은 조선에 온 선교사 제임스 레게James Legge의 번역서인 『*The Great Learning*』1861과 제임스 게일James S. Gale의 번역서인 『선영대조대학鮮英對照大學』1924입니다. 이 두 가지 영역본을 비교하는 이유는, 번역자들이 개신교 선교사이면서 각각 중국학·한국학 연구자로서 중국과 한국에서 영향력이 가장 컸기 때문입니다. 제임스 레게는 특히 중국학 연구자들에게 많은 영향을 미쳤는데, 비록 전통적인 주자학에 가까운 해석이지만 단순한 '영어' 번역서가 아니라 최초의 '연구' 번역서를 내놓았다는 점에서 의미가 큽니다.

제임스 게일은 특히 한국과 밀접한 관련이 있는 인물입니다. 동양고전들을 번역했던 선교사들은 대부분 예수회 선교사들이었습니다. 그들은 천주교의 교리서나 성경을 효과적으로 번역하기 위해 먼저 사서 등 동양고전을 라틴어로 번역했습니다. 하지만 천주교 선교사들보다 뒤늦게 중국이나 조선에 들어온 개신교 선교사들은 동양고전들을 번역할 필요가 없었기에, 그들은 이전 천주교 선교사들이 완수하지 못했던 성경 번역에 더욱 집중했습니다. 그런데 게일은 조선에 들어온 개신교 선교사 중 유일하게 동양고전을 번역해서 출판까지 했습니다. 이와 같이 레게와 게일의 『대학』 번역서는 개신교 선교사가 영어로 번역한 책이라는 공통점이 있습니다.

다산의 『대학공의^{大學公議}』

1789년 대과에 급제한 뒤 초계문신^{抄啟文臣}으로 발탁된 다산 정약용은 『대학』에 관한 학술토론을 기록해 놓았는데, 바로 『희정당 대학강의^{熙政堂大學講義}』1979입니다. 희정당은 창덕궁에 있는 왕의 주요 거처인데, 여기서 『대학』을 주제로 초계문신들과 토론을 하였기에 붙은 제목입니다. 다산은 이 강의록을 바탕으로 유배지에서 수정 보완하여 1814년 『대학공의^{大學公議}』를 완성합니다.

다산이 『대학』 해석에서도 강조했던 '서^恕'는 사서에 모두 등장하지만, 『대학』에 한 번, 『중용』에 한 번, 『맹자』에 한 번, 그리고 『논어』에 두 번 나올 뿐입니다. 그럼에도 다산은 사서가 이 '서'라는 한 글자에 대한 해설서라며 큰 의미를 부여하는데, 다산이 '서'를 무엇이라고 생각하였는지는 『대학』의 <전문^{傳文}> 9장에서 살필 수 있습니다.

> 군자는 자기에게 있은 뒤에야 남에게 그것을 요구하며, 자기에게 없은 뒤에야 남의 그러한 것을 그르다고 한다. 자신의 몸에 간직한 것을 <u>미루어 나아가지 않고서</u> 다른 사람을 깨우쳐 줄 수 있는 사람은 없다.
>
> 是故君子有諸己而后求諸人, 無諸己而后非諸人. 所藏乎身<u>不恕</u>而能喩諸人者, 未之有也.

여기서 '서恕'를 "미루어 나아가다"라고 번역한 것은 다산이 『대학공의』에서 '서'를 '추서推恕, 미루어 이해함'라고 주장하기 때문입니다. 그리고 『대학』에 단 한 번밖에 언급되지 않은 이 '서'에 대해 다산은 『대학』의 핵심 개념 중 하나인 '혈구지도'라고 해석합니다.

'서'는 헤아려 바로잡는 도絜矩之道이니, 효도·공손·자애를 행하여 어짊을 이루는 방법이다.
恕者, 絜矩之道, 所以爲孝弟慈以成仁者也.

다산은 '서'를 '혈구지도'로 정의하면서, '효孝·제弟·자慈'를 이루는 방법이라고 제시했습니다. 그리고 『대학』 삼강령 중 첫 번째 '명명덕明明德'에 대해서도 '밝은 덕을 밝히는 것'이라는 주자의 형이상학적 해석을 비판하고, '효·제·자의 덕을 밝히는 것'일 뿐이라고 해석합니다. '효·제'를 강조하는 것은 모든 유학자들의 공통적인 태도이지만, 다산은 더 나아가 이와 같은 층위에서 '자애'慈의 덕 또한 강조하는데, 이것은 '서'를 중시했기 때문입니다.

레게의 『*the Great Learning*』과 게일의 『선영대조대학鮮英對照大學』

제임스 레게James Legge, 1815-1897는 중국에서 활동한 선교사로 한자식 이름은 이아각理雅各입니다. 스코틀랜드 출신의 언어학자이며

중국학자이고, 특히 동양고전 영어번역서의 초기 번역가로 가장
잘 알려진 인물입니다. 레게는 런던선교회의 말라카·홍콩 대표로
근무하였으며, 옥스퍼드대학교에서 최초의 중국학 교수가 되었
습니다. 막스 뮐러_{Max Müller, 1823-1900}와 함께 1879년에서 1891년까지
동양의 고전들을 번역한 시리즈를 출판했습니다.

레게는 중국을 방문하는 선교사들이 중국 문화에 대해 이
해할 수 있도록 1840년대부터 중국의 고전들을 영어로 번역하
는 작업을 시작했고, 1861년에 이르러 『*Confucian Analects*논어』,
『*the Great Learning*대학』, 『*the Doctrine of the Mean*중용』, 이렇
게 세 권의 사서 번역서를 발간했습니다. 여기서는 『*the Great
Learning*』을 비교 대상으로 삼고 있습니다.

제임스 게일_{James S. Gale, 1863-1937}은 캐나다 토론토대학교를 졸업
한 후 1888년 YMCA에서 파견된 선교사로서 한국식 이름은 기일
奇—입니다. 그는 10년간 선교 활동을 한 후 1897년에 목사가 되었
는데, 다른 선교사들보다 한국 문화에 대해 포용적이어서 잘 적
응했습니다. 게일은 내한 선교사들이 한국인들과 같이 지내야 하
며, 한국인들을 서구인들처럼 계몽하는 것이 아니라 한국의 문화
적 정체성을 존중하면서 포교해야 한다고 생각했습니다. 한국어
를 능숙하게 구사하고 문학적 감수성이 뛰어났던 게일은 한국 고
전 문학을 번역하는 데 뛰어난 실력을 발휘했고, 한국 문화에 관
심을 갖고 『전환기의 조선*Korean in Transition*』, 『한양지漢陽誌』, 『한국결
혼고韓國結婚考』와 같은 책을 출간하기도 했습니다. 게일에 대한 연

구는 이러한 국문학 또는 역사학 분야에서 중점적으로 이루어졌습니다. 아직 학계에서 주목받지 못하였으나, 게일은 동양고전에도 관심을 두어 1924년에 한영韓英 대조판인 『선영대조대학』을 출간했습니다. 여기서는 이 책을 비교 대상으로 삼고 있습니다.

레게와 게일의 『대학』 1장

레게와 게일의 번역은 『대학』의 첫 번째 문장, <경문經文> 1장의 첫 문장부터 매우 다릅니다. 『대학』의 원문과 두 번역문은 다음과 같습니다.

대학의 도는, 밝은 덕을 밝히는明德 데 있으며, 백성을 새롭게 하는新民 데 있으며, 지극한 선에 머무는至善 데 있다.
大學之道, 在明明德, 在親民, 在止於至善.

<Legge>
What the Great Learning teaches, is to illustrate illustrious virtue; to renovate the people; and to rest in the highest excellence.

<Gale>
The higher student's course lies in the exemplification of moral excellence; in the enlightment of the people; and in the moving on to highest degrees of perfection.

레게의 번역본은 1861년의 것이고, 게일의 번역본은 1924년의 것이므로 60년 이상의 간극이 있습니다. 그런데 이 두 번역본은 매우 상이해서 시간의 간격만으로는 그 차이를 설명하기 어렵습니다. 게일이 『대학』의 번역을 시작하기 전 이미 레게의 사서 영역본은 가장 권위 있는 영역본으로 여겨졌습니다. 따라서 게일은 레게의 번역본을 의식하여 작업을 진행하였을 것입니다. 그런데 게일이 이렇게까지 레게와 다르게 번역하게 된 요인은 무엇일까요? 그에 대해 고찰하기 위해 우선 주요 어구를 비교하여 표로 정리하면 다음과 같습니다.

	레게	게일
大學之道	the Great Learning	The higher student's course
明明德	to illustrate illustrious virtue	the exemplication of moral excellence
新民	to renovate the people	the enlightment of the people
止於至善	to rest in the highest excellence	the moving on to highest degrees of perfection

문법적인 차이도 있지만 기본적인 개념어들의 번역어를 선택하는 데서 특히 차이가 큽니다. 동일한 번역어는 '신민新民'에 있는 '민民'의 번역어 'people'이 유일합니다. 그런데 여기에서 공통적인 것은 『예기禮記』의 고본古本 「대학」에 있는 '친민親民'을 따르지 않고, 주자학 전통에서 주장한 '신민'을 번역했다는 사실입니다.

　다산의 『대학공의』에서는 『대학』과 관련된 풍부한 주석들을 소개하고 비판한 다음 자신의 의견을 제시합니다. 우선 『대학』의 첫 번째 강령인 '명명덕'의 '명덕'에 대해서 '효·제·자'라고 단언합니다. 레게는 '명덕'을 'illustrious virtue'라고 번역했고, 게일은 'moral excellence'라고 번역하여 차이는 있지만, 둘 다 '도덕성'의 측면을 강조한 주자학적인 해석 방식을 따랐습니다. 반면에 다산은 '효·제·자'라는 가장 기본적인 가족관계에서 나타나는 실천적 행위로 해석했습니다. 두 번째 강령인 '신민'에 대해서도 다산은 주자학 전통으로 '신민'으로 보지 않고 '친민'으로 보았는데, 그 이유는 이미 앞에서 '명덕'을 '효·제·자'로 보았기 때문입니다. 세 번째 강령인 '지어지선'에 대해서도 다산은 '효·제·자'를 중심으로 해석했습니다.

　이와 같이 삼강령을 비교한 결과를 보면, 시기적으로 다산의 『대학공의』가 1814년, 레게의 번역이 1861년, 게일의 번역이 1924년으로 각각 50년에서 100년 이상의 차이가 있음에도 오히려 다산의 해석보다 레게와 게일의 번역이 더 주자학적이라고 할 수 있습니다. 물론 레게와 게일은 서양인이므로 중국에서 널리 통용되었던 주자학 전통의 텍스트를 활용할 수밖에 없었던 한계 때문일 수도 있지만, 이를 통해 오히려 이전의 모든 주석을 정리하고 비판함으로써 경전 해석에 새로운 지평을 연 다산의 학문적 성과를 드러낼 수 있을 것입니다.

제임스 레게의 '서' 번역

주자는 『대학』 10장의 '혈구지도'에 대해 직접적으로 '서恕'라고 규정하지 않았지만, 다산은 과감하게 '혈구지도'는 '서'라고 정의했습니다. '서'라는 글자는 『논어』에서 두 번, 그리고 나머지 사서에는 각각 한 번씩 등장합니다. 『대학』에서는 9장에서 한 번 등장합니다. 9장에서 '서'가 나오는 일부 문장은 다음과 같습니다.

요임금과 순임금이 어짊으로 천하를 거느리자 백성들은 그들의 어짊을 그대로 따랐다. 걸왕과 주왕이 포악함으로 천하를 거느리자 백성들은 그들의 포악함을 그대로 따랐다. 그 명령하는 것이 그 자신이 좋아하는 것과 반대되면 백성은 따르지 않는다. 그러므로 군자는 자기에게 있은 뒤에야 남에게 그것을 요구하며, 자기에게 없은 뒤에야 남의 그러한 것을 그르다고 한다. 자신의 몸에 간직한 것을 <u>미루어 나아가지 않고서</u>不恕 다른 사람들을 깨우쳐 줄 수 있는 사람은 없다.

堯舜帥天下以仁, 而民從之. 桀紂帥天下以暴, 而民從之. 其所令反其所好, 而民不從. 是故君子, 有諸己而後求諸人, 無諸己而後非諸人. 所藏乎身不恕, 而能喩諸人者, 未之有也.

사서에서 '서'의 용례가 조금씩 다른데, 『대학』의 '서'의 의미는 다른 사서에 나오는 '서'와 다르지 않지만, 형식이 부정형으로

'불서不恕'라고 표현되었습니다. 내용은 『대학』 10장에서 나오는 '혈구지도'에 대한 설명과 크게 다르지 않습니다. '서'에 대한 해석을 비교하기 위해 먼저 제시하는 『논어』의 두 용례는 다음과 같습니다. <위령공衛靈公>편 23장과 <이인里仁>편 15장의 문장입니다.

<위령공-23>

자공이 물었다. "종신토록 행할 만한 한 마디 말이 있습니까?" 공자께서 말씀하셨다. "아마도 '서恕'일 것이다. '서'란 자기가 하고자 하지 않는 것을 남에게 시키지 않는 것이다."
子貢問曰, 有一言而可以終身行之者乎? 子曰, 其恕乎, 己所不欲勿施於人.

<이인-15>

공자께서 말씀하셨다. "삼參아! 나의 도는 하나의 이치가 꿰뚫고 있다." 증자가 "예" 하고 대답하였다. 공자께서 나가시자, 문인들이 "무슨 말씀입니까?" 하고 물으니, 증자가 대답하였다. "선생님의 도는 충忠과 서恕일 뿐이다."
子曰, 參乎, 吾道一以貫之. 曾子曰, 唯. 子出, 門人問曰, 何謂也? 曾子曰, 夫子之道, 忠恕而已矣.

『논어』에서 '서'는 두 번 등장하는데, 공자가 직접 언급한 것은 <위령공>편 23장에서 자공에게 '기소불욕 물시어인己所不欲 勿施於人'이라며 말해 준 것뿐입니다. <이인>편 15장의 '서'는 공자가 직접 언급한 것도 아니고, 증자의 말을 통해 전해진 것입니다. 심지어 '서' 한 글자가 아니라 '충서忠恕'라는 두 글자로 표현되었는데, 충忠을 중시하는 유교 전통에서 '서'는 '충'보다 경시되었습니다. 중요한 것은 이에 대한 제임스 레게의 번역도 두 곳이 다르다는 점입니다. 먼저 <위령공>편 23장에 대한 레게의 번역은 다음과 같습니다.

> Tsze-kung asked, saying, "Is there one word which may serve as a rule of practice for all one's life?" The Master said, "Is not RECIPROCITY such a word? What you do not want done to yourself, do not do to others."

> 자공이 물었다. "종신토록 행할 만한 한 마디 말이 있습니까?" 공자께서 말씀하셨다. "아마도 '서恕'일 것이다. '서'란 자기가 하고자 하지 않는 것을 남에게 시키지 않는 것이다."

여기서 레게는 '서'라는 한 글자를 'RECIPROCITY'호혜성로 옮겼습니다. '서'에 대해 'understanding'이해을 비롯해서 많은 번역어가 있는데, 현재도 'reciprocity'는 영어권에서 가장 많이 사용되는 번역어입니다. 그런데 레게는 <이인>편 15장에서는 이와는 다르게 번역했습니다. 물론 가장 큰 원인은 '서'라는 한 글자로 나온 것이 아니라 '충서'라는 두 글자로 나왔기 때문일 텐데, '충'과

‘서’ 둘 다 한 단어로 옮기지 않았습니다.

> The Master said, "Shan, my doctrine is that of an all-pervading unity." The disciple Tsang replied, "Yes." The Master went out, and the other disciples asked, saying, "What do his words mean?" Tsang said, "The doctrine of our master is <u>to be true to the principles of our nature</u> and <u>the benevolent exercise of them to others,</u> this and nothing more."

> 공자께서 말씀하셨다. "삼參아! 나의 도는 하나의 이치가 꿰뚫고 있다." 증자가 "예" 하고 대답하였다. 공자께서 나가시자, 문인들이 "무슨 말씀입니까?" 하고 물으니, 증자가 대답하였다. "선생님의 도는 충忠과 서恕일 뿐이다."

여기서는 먼저 ‘충’에 대해서 'to be true to the principles of our nature'라고 했는데, 직역하면 ‘우리의 본성의 원리에 충실함’이 됩니다. ‘서’에 대해서는 'the benevolent exercise of them to others'라고 하였는데, 직역하면 ‘그것들충을 다른 사람들에게 인애롭게 실천하는 것’이 되며, 이 역시 한 단어로 설명하지 않았습니다. ‘혈구지도’와 비슷한 의미로 풀어서 번역한 것으로 볼 수 있습니다. 『중용』 13장에 나오는 ‘서’도 맥락은 <이인>편 15장과 큰 차이가 없습니다.

When one <u>cultivates to the utmost the principles of his nature, and exercises them on the principle of reciprocity</u>, he is not far from the path. What you do not like when done to yourself, do not do to others.

'충'과 '서'는 도와 거리가 멀지 않으니, 자신에게 베풀어 보아 원하지 않는 것을 나 또한 남에게 베풀지 말라는 것이다. <u>忠恕違道不遠, 施諸己而不願, 亦勿施於人.</u>

유교 전통에서 '서'보다 '충'이 중시되었던 이유는 '충'이 '충효忠孝', '충신忠信' 등으로 유교 문헌에서 더 자주 나타났기 때문인데, 『논어』 <이인>편과 『중용』 13장의 '충서'도 다른 조어들과 마찬가지로 '충'이 핵심이라고 보았습니다. 레게는 『중용』의 '충서'를 번역하면서 『논어』와는 조금 다르게 번역했는데, 『논어』의 '충서'에서는 'reciprocity'를 사용하지 않았습니다. 반면에, 『중용』의 충서에서는 'reciprocity'를 다시 사용하였고, 여기서는 'the principle of reciprocity'라며 '호혜성의 원리'로 번역했습니다. 두 구절을 비교하면 다음과 같습니다.

	『논어』 <이인>편	『중용』13장
충	to be true to the principles of our nature	cultivates to the utmost the principles of his nature
서	the benevolent exercise of them to others	exercises them on the principle of reciprocity

마지막으로 『맹자』의 '서' 용례는 다음과 같습니다. 『맹자』의 <진심> 상편 4장에서는 '서'가 '강强' 자와 함께 붙어 '강서强恕'로 표현되었는데, '서를 힘써 행한다'로 풀이할 수 있습니다. 레게는 다음과 같이 번역했습니다.

Mencius said, "All things are already complete in us. There is no greater delight than to be conscious of sincerity on self-examination. If one acts with a vigorous effort at <u>the law of reciprocity</u>, when he seeks for the realization of perfect virtue, nothing can be closer than his approximation to it."

맹자께서 말씀하셨다. "만물이 모두 나에게 갖추어져 있으니, 자기 몸에 돌이켜보아 성실하면 즐거움이 이보다 더 클 수 없고, 자신의 마음을 미루어 남에게 미치는 '서'를 힘써서 행하면 인을 구함에 이보다 더 가까운 방법은 없다."
孟子曰, 萬物皆備於我矣, 反身而誠, 樂莫大焉, 强恕而行, 求仁莫近焉.

주목할 부분은 역시 '서'를 'reciprocity'로 번역했다는 것입니다. 여기서도 『중용』의 '충서'와 마찬가지로 단순히 호혜성 또는 상호성이라는 한 단어로 번역한 것이 아니라, 'the law of reciprocity'라며 '호혜성의 법칙'으로 옮겨놓았습니다. 이는 성경의 "내가 대접받고자 하는 대로 먼저 남을 대접하라"라는 황금률Golden Rule과 대비시키려는 의도로 보입니다. 여기서 마지막으로 『대학』의 '서' 또는 부정형인 '불서'를 어떻게 번역했는지 확인할 필요가 있습니다.

Yâo and Shun led on the kingdom with benevolence and the people followed them. Chieh and Châu led on the kingdom with violence, and people followed them. The orders which these issued were contrary to the practices which they loved, and so the people did not follow them. On this account, the ruler must himself be possessed of the good qualities, and then he may require them in the people. He must not have the bad qualities in himself, and then he may require that they shall not be in the people. Never has there been a man, who, <u>not having reference to his own character and wishes in dealing with others</u>, was able effectually to instruct them.

여기서 핵심은 마지막의 '자신의 몸에 간직한 것을 미루어 나아가지 않고서不恕 다른 사람들을 깨우쳐 줄 수 있는 사람은 없다Never has there been a man, who, not having reference to his own character and wishes in dealing with others, was able effectually to instruct them.'라는 문장인데, 레게는 이 문장의 '불서' 두 글자를 "not having reference to his own character wishes and in dealing with others"라고 길게 풀어 설명했습니다. 직역하면, '스스로의 인격과 바람欲을 성찰하지 않은 채 남을 대하려 하면서'라는 것인데,『논어』<위령공>에서 설명된 '기소불욕己所不欲, 자기가 원하지 않는 것'의 의미를 가져와서 옮긴 것으로 보입니다. 정리하면, 레게는 사서에서 총 5번 등장하는 '서'에 대해서 3번은 'reciprocity'라는 용어를 통해 옮겼지만,『논어』의 '충서'와 더불어『대학』의 '불서'는 'reciprocity'를 사용하지 않았습니다. 그렇기 때문에『대학』을 번역하면서 '서'의 호혜적 의미를 깊게 고려하지 않았다는 인상을 줍니다.

제임스 게일의 '서' 번역

제임스 레게의『대학』번역보다 제임스 게일의『대학』번역에 더 관심을 가지는 것은 한국인으로서 지극히 자연스러운 일입니다. 예수회 선교사들은 조선에 입국하지도 못했고, 전례논쟁의 여파로 예수회 해체 이후 조선에 들어온 다른 수도회의 선교사들조차 순교자로 희생되었을 뿐 학문적 성과를 크게 이룰 수 없었습니다. 반면에, 개신교 선교사들은 19세기 말부터 내한하여 특히 개화기에 학문적으로 많은 성과를 이루었습니다. 제임스 게일의 경우, 특별히 국문학 분야에서 한글 번역과 관련하여 많은 관심을 받아왔습니다. 그런데 게일이 1924년 출간한 『선영대조대학』은 그동안 크게 주목받지 못했습니다.

『대학』은 조선의 사서 번역 역사에서도 독특한 위상을 차지합니다. 『대학』의 번역, 특히 『대학언해大學諺解』1590와 관련해서 적지 않은 연구가 이어져 오고 있는데, 관련 연구자들은 조선시대 내내 선조宣祖 대에 간행된 교정청본 『대학언해』가 『대학』의 표준 텍스트로 통용되었으나, 실질적인 번역은 1932년 『언해대학장구諺解大學章句』부터 시작되었다고 파악했습니다. 그리고 이을호 교수의 『한글 대학』1976이 순우리말로 번역된 첫 번째 성과이고, 그 이후 많은 번역서가 지금도 출간되는 실정입니다. 그러나 여러 연구 결과에서 게일의 『선영대조대학』은 언급되지 않았습니다.

『선영대조대학』의 특징은 첫 번째, 가톨릭 선교사를 포함한 내한 선교사 중에 유일하게 사서를 서양어로 번역한 책이라는 것입니다. 물론, 게일은 나머지 사서들도 영어로 번역하였지만 정식으로 출간되지 못했기에, 게일의 『대학』은 더욱 의미가 있습니다.

두 번째 특징은, 우리 역사상 처음으로 서양어와 대조된 형태로 출간되었다는 것입니다. 그러나 제목처럼 실제 '대조' 형태는 아닙니다. 먼저 한문과 한글본이 나오고, 뒤에 영역본이 나오는 형태로 구성되어 있습니다. 하지만 실제로 『대학』 자체가 분량이 많은 책이 아니라서 대조하면서 보기에 크게 어렵지 않습니다. 더욱이 한문본이나 영역본이나 각주나 주석이 없어서 분량이 적습니다. 이 때문에 가독성은 좋다고 할 수 있으나, 이것을 대상으로 하는 연구에 한계가 있을 수밖에 없습니다.

마지막 세 번째, 『대학』 한글 번역사에 있어서 매우 중요한 위상을 차지한다는 특징이 있습니다. 이미 언급한 대로 1590년 선조의 명으로 『대학언해』가 출간된 이후 조선에서 『대학』 번역은 크게 발전하지 못했는데, 본격적으로 번역 작업이 시작된 1932년 『언해대학장구』보다 8년 앞서 간행되었다는 것입니다. 그리고 뒤에 살펴보겠지만, 『대학언해』가 '현토懸吐'를 붙인 데 불과했던 것과 달리 그보다 훨씬 더 많은 한자어를 한글로 옮겨놓았다는 것입니다. 다만 아쉬운 것은, 이 글의 주제와 관련된 '서' 번역에 큰 오류가 있다는 점입니다.

『선영대조대학』의 속표지에는 가격이 표시되어 있고, 저자를 '증자曾子, Cheung-ja'로 표시하고 있습니다. 국한문 서문 다음에 바로 한문 원문과 한글 번역문이 나오는데, 형식은 『대학언해』와 큰 차이를 보이지 않습니다. 『대학언해』와 같이 삼강령에서 한문 원문에는 『고본대학』을 따라 '재친민在親民'이라 되어 있지만, 한글 번역에서는 주자의 『대학장구』를 따라 "백성을 새롭게 함에 있으며"로 되어 있는 것을 확인할 수 있습니다. 더욱 주목해야 할 부분은 '서'가 등장하는 9장 부분입니다. 게일의 번역 원문과 필자의 현대어 번역문은 다음과 같습니다.

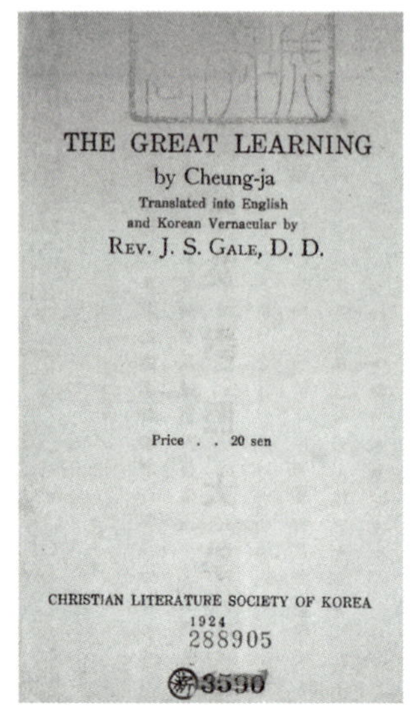

THE GREAT LEARNING

by Cheung-ja

Translated into English
and Korean Vernacular by

REV. J. S. GALE, D. D.

Price . . 20 sen

CHRISTIAN LITERATURE SOCIETY OF KOREA
1924
288905

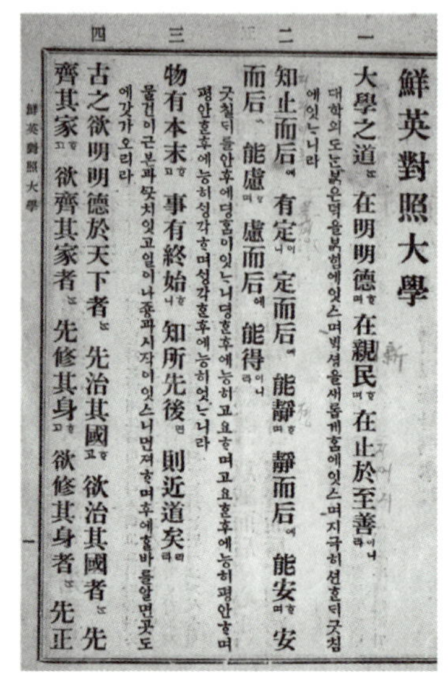

鮮英對照大學

大學之道는 在明明德하며 在親民하며 在止於至善이니
대학의 도는 붉은덕을 붉힘에 잇스며 빅셩을 새롭게홈에 잇스며 지극히 션흔덕 긋침에 잇느니라

知止而后에 有定이니 定而后에 能靜하며 靜而后에 能安하며 安
긋칠디를 안후에 뎡홈이 잇느니 뎡흔후에 능히 성각하며 성각혼후에 능히엇느니라

而后에 能慮하며 慮而后에 能得이라
평안흔후에 능히 성각호며 성각혼후에 능히엇느니라

物有本末하고 事有終始하니 知所先後면 則近道矣라
물건이 근본과 긋처 잇고 일이 종과 시작이 잇스니 먼져홀바를 알면곳도에 갓가오리라

古之欲明明德於天下者는 先治其國하고 欲治其國者는 先齊其家하고 欲齊其家者는 先修其身하고 欲修其身者는 先正

『선영대조대학』(1924) 속표지와 한문/한글본 첫 페이지

요와 슌이 텬하를 어짐으로 거느리신더 빅셩이 좃고 걸과 쥬ㅣ 텬하를 사오나옴으로 거느리신더 빅셩이 좃치니 그 명령이 그 됴하하는 바에 반더되면 빅셩이 좃지 아니하는 고로 군즈는 몸에 둔 후에 사름의게 구하며 몸에 업슨 후에 사름을 칙망하느니 그 몸에 곰촌 바ㅣ 업고셔 능히 사름을 효유홀 쟈ㅣ 잇지 아니하니라

요와 순이 천하를 어짐으로 거느리신대 백성이 좇고 걸과 주가 천하를 사나움으로 거느린대 백성이 좇으니 그 명령이 그 좋아하는 바에 반대되면 백성이 좇지 아니하는 고로 군자는 몸에 둔 후에 사람에게 구하며 몸에 없은 후에 사람을

책망하나니 <u>그 몸에 감춘 바가 없고서</u> 능히 사람을 효유할 자가 있지 아니하니라

중요한 부분은 "그 몸에 감춘 바가 없고서"라는 부분으로, 원문은 "所藏乎身, 不恕"인데 한글 번역이 어색합니다. '서恕' 자를 풀지 않고 번역하면, "그 몸에 감춘 바가 서恕하지 않고서"라고 번역해야 마땅한데, '불서不恕'를 '없고서'라고 옮겼습니다. 거의 확실히 실수라고 보이는데, 게일이 남긴 유일한 한글 번역서에서 하필 '서' 자에 대해 실수했다는 것은 납득하기 어려운 부분입니다. 그나마 다행인 것은 대조본으로 영역본이 있으니까 게일이 의도했던 의미를 추측할 수는 있다는 것입니다. 영역본의 해당 부분은 다음과 같습니다.

36. Yo and Soon ruled by kindness, and so among the people kindness abounded. Kul and Choo ruled by the law of brute force and so the people all became brutish. When we give orders contrary to our own actions how can we expect people to follow them? The good man must practise goodness himself before he can expect it of others. He must rid himself of faults before he condemns them in his neighbour. <u>If he himself has faults that he cannot pardon</u>, how can he expect to awaken others to theirs?

영역본에서 "所藏乎身, 不恕"를 옮긴 문장은 "If he himself has faults that he cannot pardon"입니다. 여기서 게일과 레게의 번역을 비교하면 다음과 같습니다.

曾子	所藏乎身, 不恕
Legge	not having reference to his own character and wishes in dealing with others 스스로의 인격과 바람을 성찰하지 않은 채 남을 대하려 하면서(번역)
Gale	If he himself has faults that he cannot pardon 그 몸에 감춘 바가 없고서(게일의 한글본)

게일과 레게의 한글 번역을 비교할 수 없기에 영역본을 비교하면 다음과 같습니다. 먼저, '소장호신所藏乎身'에 대해서 게일의 한글본과 레게의 영역본은 부정적이지 않은 중립적인 표현을 사용했습니다. 게일은 "그 몸에 감춘 바"로 옮겼고, 레게는 "his own character and wishes"인격과 바람라고 더욱 구체적으로 설명했지만, 둘 다 공통적으로 중립적인 용어를 썼습니다. 그러나 게일은 영역본에서 "자신조차 용납하지 못하는 잘못을 지니고 있다면"If he himself has faults that he cannot pardon"이라며 '소장호신'을 'faults'라는 부정적인 단어로 번역했습니다. 그리고 '불서'에 대해서는 'cannot pardon'이라며 '용서容恕'의 의미로 번역하여, 레게의 'reciprocity'와는 다르게 번역했습니다. '불서'에 대해 게일은 한글본이든 영역본이든 다산의 '추서推恕' 같이 명확한 해석을 하지는 않았습니

다. 이것은 레게의 번역도 마찬가지이기에 아쉬움이 남는 대목입니다.

공감, 호혜성, 용서

『대학』의 '혈구지도'는 공자의 '서' 사상을 계승하면서도 정치적·윤리적 통치 원리로 구체화된 개념입니다. 다산 정약용은 이를 '서의 실천적 확장'으로 보아 『대학』의 핵심 주제로 해석했으며, 그 의미를 '공감'으로 재구성했습니다. 즉, 군주나 지도자가 자신이 바라는 마음을 미루어 백성의 마음을 헤아릴 때 정치가 도道에 가까워진다는 것입니다.

이에 비해, 제임스 레게와 제임스 게일의 번역은 모두 주자학 전통의 해설에 기초하면서도 '서'의 의미를 각기 다르게 해석했습니다. 레게는 '서'를 일관되게 'reciprocity'호혜성으로 옮겨 "기소불욕 물시어인"의 황금률과 접맥시켰습니다. 그는 '서'를 윤리적 상호성의 원리로 파악하여 도덕의 객관적 법칙으로 체계화하려는 서구적 사고를 반영했습니다. 반면, 게일은 『선영대조대학』에서 '서'를 'pardon'용서의 의미로 번역함으로써 '서'를 인간 내면의 도덕적 정조, 즉 용서와 자비의 정서로 해석했습니다. 이는 '서'를 도덕적 이성보다는 신앙적 감정과 양심의 차원으로 접근한 번역이라고 할 수 있습니다.

이러한 비교는 『대학』의 '서' 개념이 단일한 번역어로 환원될 수 없음을 보여줍니다. 다산은 '서'를 타인의 감정에 대한 주체의 내면적 미루어나감으로, 레게는 윤리적 호혜성의 법칙으로, 게일은 기독교적 자비와 용서의 감정으로 해석했습니다. 같은 구절이라도 사상적 전제와 문화적 번역 체계에 따라 의미망이 달라지는 것입니다. 결국 『대학』의 '서'는 동서양의 도덕 사유가 만나는 접점에 놓여 있습니다. 다산의 '공감의 윤리', 레게의 '호혜의 윤리', 게일의 '용서의 윤리'는 서로 다른 방향에서 '서'의 근본정신을 해석한 시도였습니다. 이 비교를 통해 '서'는 단순히 유교적 도덕 개념을 넘어 인간 이해와 관계 윤리의 보편적 언어로 재해석될 수 있음을 확인할 수 있습니다.

현대 사회는 개인화와 공동체 회복이라는 상반된 요구 속에서 윤리적 리더십에 대한 필요성이 강조되고 있습니다. 특히, 다산의 『대학』 해석에서 제시된 '서', 즉 공감은 인간관계와 리더십의 근본 원리로서 오늘날에도 시사하는 바가 큽니다. 타인의 마음을 헤아리고 공감하는 능력은 단순한 감정적 교류를 넘어 공동체의 지속 가능성을 위한 실천적 윤리로 자리 잡아야 합니다.

참고문헌

『대학장구(大學章句)』.
『중용장구(中庸章句)』.
『논어집주(論語集註)』.
『맹자집주(孟子集註)』.

Gale, James S. 『鮮英對照大學』, 경성: 조선야소교서회, 1924(서울대학교 중앙도서관 소장본).

Legge, James. *The Great Learning*. Hong Kong: At the author's, 1861.

엄국화. 『다산의 공감 연습』. 서울: 국민출판사, 2021.

이광호 외. 『대학공의 대학강의 소학지언 심경밀험』. 서울: 사암, 2016.

최석기. 『조선시대 《대학장구》 개정과 그에 관한 논변』. 서울: 보고사, 2011.

이영호 외. <한국에서 《대학》 번역의 양상에 관한 고찰>, 동양한문학연구 61권 (2022): 185-214.

1장. 공감의 두 얼굴, 그리고 종교

1. 엘리자베스 A. 시걸, 『사회적 공감』, 안종희 옮김(서울: 생각이음, 2019), 26, 53-54.

2. 박인철, <공감의 현상학: 공감의 윤리적 성격에 대한 후설과 쉘러의 논의를 중심으로>, 《철학연구》 제99집(2012/12): 130.

3. 위의 글, 126-138; 막스 쉘러, 『공감의 본질과 형식』, 이을상 옮김(서울: 지식을만드는지식, 2013).

4. Tania Singer & Claus Lamm, "The social neuroscience of empathy," *Annals of the New York Academy of Sciences* 1156 (2009): 81-96, at 84, 재인용, 시걸, 57.

5. Daniel Batson, "These Things Called Empathy: Eight Related but Distinct Phenomena," in *The Social Neuroscience of Empathy*, ed. Jean Decety and William Ickes (Cambridge, MA: MIT Press, 2009), 3-15, 재인용, 시걸, 20.

6. 르먼 크르즈나릭, 『공감하는 능력』, 김종화 옮김(서울: 더퀘스트, 2018), 재인용, 장대익, 『공감의 반경』(서울: 바다출판사, 2022), 20.

7. 안토니오 다마지오, 『느낌의 발견』, 고현선 옮김(서울: 아르테, 2023).

8. 프란스 드 발, 『공감의 시대』, 최재천 옮김(파주: 김영사, 2017).

9. 위의 책, 102.

10. 위의 책, 104.

11. 위의 책, 106.

12. 위의 책, 107-109.

13. 위의 책, 109.

14. 위의 책, 73.

15. 폴 블룸, 『공감의 배신』, 이은진 옮김(서울: 시공사, 2019). 한국어판의 제목이 "공감의 배신"인데, 우리 사회가 갖는 '공감은 무작정 좋은 것'이라는 생각을 깨뜨리고 있다.

16. 위의 책, 32.

17. 장대익, 20.

18. 위의 책, 22-23.

19. 위의 책, 24-25.

20. Jonathan Cole, *About Face* (Boston, MA: MIT Press, 1999), 재인용, 장대익, 25.

21. 장대익, 29.

22. 위의 책, 34.

23. 위의 책, 195.

24. 시걸, 『사회적 공감』; 자밀 자키, 『공감은 지능이다』, 정지인 옮김(파주: 심심, 2021).

25. 시걸, 17-60.

26. 김상덕, <양심이란 무엇인가: 양심에 대한 신학과 신경과학의 대화>, 《신학사상》 제206호 (2024/9): 193-223.

27. 예를 들어, 다음의 자료들을 참조하라. 마크 해리스, 『창조의 본성』, 장재호 옮김(서울: 두리반, 2016); 박영식, <성결교회의 창조신학 구성을 위한 기초 작업>, 《신학사상》 제202호 (2023/9): 161-187; 전철, <신, 인간, 사물>, 《신학사상》 제200호(2023/3), 95-113.

28. 시걸, 241-269.

2장. AI 시대의 목회 원칙과 윤리적 과제

1. Dietrich Bonhoeffer, *Ethik* (Gütersloh: Gütersloher Verlagshaus, 1992), 55.

2. Traugott Jähnichen, Isolde Karle, "Ethik für die Seelsorge - Seelsorge für die Ethik. Überlegungen zur Verhältnisbestimmung von theologischer Ethik und Poimenik," *Zeitschrift für evangelische Ethik* 64 (2020), 281.

3. Karl Barth, *Kirchliche Dogmatik* I /1 (Zürich: Evangelischer Verlag, 1955), 89-124.

4. 마르틴 루터, 『대교리문답』, 최주훈 역(서울: 복있는사람, 2020), 217-218.

5. 위의 책, 52-53, 65.

6. 마크 코켈버그, 『AI 윤리에 대한 모든 것』, 신상규, 석기용 역(경기: 아카넷, 2023), 123-124.

7. ESG 목회에 관한 설명은 다음을 참고하시기 바랍니다. 김성수, <ESG 목회와 교회의 사회적 공헌>, 《활천》 844권 3호(2024/3): 26-29.

4장. 환대를 향한 첫걸음

1. 롤스 정의론에서 종교의 가치에 대한 이 글의 설명은 다음 논문을 토대로 간략하게 정리한 것입니다, 자세한 논의는 논문을 참고하기 바랍니다; 목광수, <롤스의 정의론에서 종교의 의미와 역할 - 공적 이성을 중심으로>, 《철학연구》 제70호(2024): 79-110.

2. 롤스 정의론에서 합당성과 관련한 관용에 대한 이 글의 논의는 다음 논문을 토대로 간략하게 정리한 것입니다, 자세한 논의는 논문을 참고하기 바랍니다; 김준수, 목광수, <롤스의 합당한 다원주의 형성 방안 모색>, 《철학》 Vol.164(2025): 55-78.

6장. K-문화 속 이방인

1. 한희정·신정아, <서발턴으로서 조선족 여성의 재현: 영화 〔미씽: 사라진 여자〕(Missing, 2016)> 《한국소통학보》 제17권 제1호(2018): 169-202, 여기서 185.

2. 이미애, "다시 보는 청년경찰 '혐오' 판결, 톺아보는 대림동 이야기", <피렌체의 식탁>(2023. 09.14.), https://www.firenzedt.com/news/articleView.html?idxno=28040 2023

3. 이가영, <조선족의 한국 경험과 다중적 정체성: 30-40대 여성 조선족에 대한 설문조사 및 심층인터뷰를 기반하여>, 《중국인문과학》 제74호(2020), 465-490, 여기서 484-5.

4. 조진희, <조선족 여성에 대한 한국 상업영화의 민속지적 상상>, 《현대영화연구》 제13권 제3호 (2017): 103-133, 여기서 120.

5. 이윤미, <이주여성 디아스포라와 영화 재현 양상 변화: 〔파이란〕, 〔미씽: 사라진 여자〕, 〔헤어질

결심〕을 중심으로>,《영화연구》제98호(2023): 95-129, 여기서 105.

6. 이윤미, 104.

7. 정문영, <한국 영화에서 사라진 이주여성 찾기>,《젠더와 문화》11권 1호(2018): 7-39, 여기서 29-30.

8. 김경녀·박형준, <한국영화에 재현된 국제이주 여성의 '난민화' 양상 연구: 영화〔파이란〕,〔미씽: 사라진 여자〕,〔해무〕를 중심으로>,《한국민족문화》제66호(2018): 151-176, 여기서 158.

9. 웬디 브라운,『관용: 다문화제국의 새로운 통치전략』, 이승철 옮김(서울: 갈무리, 2010), 62-63.

10. 이윤미, 110.

11. 김경녀·박형준, 157-165.

12. 이윤미, 102-4.

13. 한희정·신정아, 172.

14. 정민아, <이주여성을 그리는 21세기 한국영화들: 엄마와 괴물 이중시선>,《현대영화연구》16권 1호(2020): 137-162, 여기서 141.

15. 위의 책, 142.

16. 정문영, 33.

17. 정민아, 146.

18. 조진희, 119.

19. 위의 책, 같은 곳.

20. 이윤미, 98.

21. 위의 책, 121.

22. 한희정·신정아, 190.

23. 최영희·문현선, <동아시아 여성영화의 모성신화(母性神話)와 문화번역: 한국 영화〔미씽: 사라진 여자〕(2016)와 리메이크 중국 영화〔너를 찾았다(找到你)〕(2018)의 서사 분석을 중심으로>,《중국지식네트워크》제18호(2021): 269-310, 여기서 300.

24. 한희정·신정아, 182.

25. 주유신, <〔미씽: 사라진 여자〕와〔황해〕의 조선족 재헌이 제기하는 이슈들: 여성성과 모성, 남성성과 피학증을 중심으로>,《씨네포럼》제43호(2022): 135-166, 여기서 147.

26. 한희정·신정아, 195-6.

27. 주유신, 158

28. 조진희, 130.

29. 정민아, 140.

30. 손민석, <트랜스내셔널 이주 시대, 환대와 공생을 위한 공동체적 실천: 세일라 벤하비브의 세계시민주의 재검토>,《통일과 평화》14권 2호(2022): 425-459, 여기서 435.

31. 김현준, <극우 개신교는 무엇을 믿는가 - 한국 개신교 극우 내셔널리즘의 신정정치 욕망>,《경제와 사회》제147호(2025): 207-242, 여기서 217-228.

32. 윤성민, <한국의 극우 기독교 세력에 관한 고찰>,《신학과 실천》93호(2025): 1019-10435, 여기서 1037.

33. 김현준, 231-235.

34. 신정아, <조선족 여성 재현과 돌봄의 윤리>, 《통일인문학》 제77집(2019): 73-104, 여기서 77.

35. 주유신, 158.

7장. 레비나스의 공감과 사랑

1. 최근 몇 년간 레비나스 학자들이 그의 책들을 번역하고 있습니다. 번역본에는 'Substitution'을 '대신함'으로 번역하였습니다. 철학적인 차원에서 종교적인 용어를 쓰지 않기 위함으로 생각됩니다. 하지만, 저는 조금 다른 주장을 합니다. 저는 이 용어를 '대속'이라고 번역해야 한다고 주장하고 있습니다. 왜냐하면, 레비나스가 유대인 학자로서 유대교 율법인 토라에 정통한 학자이기 때문입니다. 또한, 레비나스의 철학적인 사유는 유대인(혹은 기독교와의 대화를 시도한 유대인)의 정체성에 깊이 연결되어 있기 때문입니다. 저는 만일 레비나스가 살아있다면, 그는 이 용어를 희생 제물의 의미가 내포된 '대속'이라는 용어로 번역하는 것을 더 선호하지 않았을까 하고 생각해 봅니다.